김남국 목사의
창세기 파헤치기 3

인생 야곱

KB194981

김남국 목사의
창세기 파헤치기 3

인생 야곱

지은이 | 김남국
초판 발행 | 2015. 8. 3
6쇄 발행 | 2022. 10. 7.
등록번호 | 제1988-000080호
등록된 곳 | 서울특별시 용산구 서빙고로65길 38
발행처 | 사단법인 두란노서원
영업부 | 2078-3352   FAX | 080-749-3705
출판부 | 2078-3331

책 값은 뒤표지에 있습니다.
ISBN 978-89-531-2277-2 04230
ISBN 978-89-531-2278-9 04230 (세트)

독자의 의견을 기다립니다.
tpress@duranno.com   www.duranno.com

김남국 목사의
창세기 파헤치기 3

인생 야곱

두란노

맥락을 이해하라

요즘 많은 분들이 성경을 어떻게 읽고 공부하면 좋겠냐고 묻습니다. 쉽게 대답하기 어려운 질문입니다. 어떤 분들은 성경이 쉬운 책이라고 말하기도 합니다. 예수님이 말씀으로 가르치셨을 때 당시의 서민들도 이해했기 때문에 우리도 이해할 수 있다고 합니다. 그러나 그렇지 않습니다. 우리는 예수님 당시를 살아가는 서민이 아닙니다. 그리고 우리는 히브리인이 아닙니다. 현대에서 동시대를 살아도 유럽이나 아프리카와 같이 다른 문화권의 사람들을 이해하기는 쉽지 않습니다. 또 같은 공간에서 산다 해도 신라시대 사람들을 오늘날의 우리가 이해하기는 어렵습니다. 다른 문화권, 다른 시대 사람들을 이해하려면 공부해야 합니다. 하물며 공간도 다르고 시간도 다른 이스라엘 사람들이 등장하는 성경을 이해하기란 참으로 어렵습니다.

성경은 시간과 공간을 초월해서 존재하시는 하나님이 하늘에서 써서 툭 내려주신 책이 아닙니다. 우리의 문화와 언어를 가지고 우리의 시간 속에 하나님의 뜻과 마음을 담은 책입니다. 즉 context(상황) 속에 text(성경)를 담은 것입니다. 그런 까닭에 성경이 쓰여진 당시의 공간과 시간을 이해해야 합니다. 성경이 쓰여진 당시의 context 속에서 text를 끄집어내고 그 text를 다시 현재 우리가 살고 있는 context 속에 담아야 만 삶에 적용할 수 있습니다.

성경이 쓰여진 당시의 context가 있다는 것은 인간의 역사 가운데 성경이 쓰여졌다는 의미입니다. 성경은 이스라엘의 역사라는 context 안에 text를 담은 책입니다. 그렇다면 먼저 이스라엘의 역사를 이해해야 합니다. 그래서 성경을 읽을 때 창세기부터 요한계시록까지 쭉 읽어 가는 성경통독도 좋지만, 이스라엘 역사를 따라가는 읽기도 권할 만합니다.

성경은 이스라엘의 역사를 통해서 구원 이야기를 담은 구원 역사 드라마입니다. 창세기, 출애굽기, 민수기, 여호수아, 사사기, 사무엘상·하, 열왕기상·하 순으로 먼저 정독하시기 바랍니다. 이스라엘의 역사를 먼저 이해해야 그 역사 가운데 기록된 다른 성경도 이해할 수 있습니다.

성경이 이야기 형식으로 기록되었다면 성경을 읽을 때 집중해야 할 것은 맥락을 놓치지 말아야 한다는 점입니다. 나는 전도사 시절에 성경을 읽다가 아주 독특한 관점에서 깨달은 바가 있었습니다. 그런데 나중에 앞뒤 문맥을 따져 다시 읽으니 그것이 잘못된 관점이었음을 알았습니다.

성경은 먼저 크게 봐야 합니다. 창세기 1-11장을 이해해야 믿음의 조상 아브라함을 이해할 수 있고, 아브라함을 이해해야 이삭과 야곱을 이해할 수 있습니다. 그리고 창세기가 이해되어야 출애굽기를 제대로 볼 수 있습니다.

두란노를 통해 '창세기 파헤치기' 세 번째 책인 《인생 야곱》을 출판하게 되었습니다. 이 시리즈는 창세기라는 큰 맥락에서 그 중심의 관점을 가지고 쓴 것입니다. 먼저 나무보다 숲을 보여 주게 되었습니다. 처음부터 쭉 읽어 오면 창세기의 큰 흐름을 보게 되고 중심도 놓치지 않을 것 같습니다. 또 한 권의 책을 내게 해 주신 하나님께 감사드립니다.

2015년 8월
또 하루의 삶의 무게를 느끼며
김남국

Contents

Part 1
하나님은 선택을 완성시켜 가신다

Part 3
하나님이 친히 만들어 가신다

하나님의 선택, 아브라함과 이삭과 야곱

믿음의 1세대 아브라함은 사라가 127세에 죽자 헤브론 땅의 막벨라 굴을 정당한 가격에 사서 아내를 장사 지냈습니다. 평생 나그네로 살아온 아브라함이 처음으로 가져 본 자기 소유의 땅이었습니다. 이로써 장차 후손들이 바라볼 약속의 땅을 가시적으로 표시한 셈이 되었습니다.

아브라함은 믿음의 첫 후손인 이삭의 아내를 구하기 위해 종 엘리에셀을 하란으로 보냈고, 엘리에셀은 하나님의 은혜로 순적하게 리브가를 만날 수 있었습니다. 이삭과 리브가의 결혼으로 2세대 시대가 본격적으로 열렸습니다. 리브가가 사라의 장막에 들어감으로써 이삭이 위로를 받았다는 것은 사라의 믿음을 리브가가 그대로 계승했음을 의미합니다.

사라가 죽고 난 후 후처를 맞이한 아브라함은 여섯 자녀를 더 낳았습니다.

> **아브라함이 후처를 맞이하였으니 그의 이름은 그두라라 그가 시므란과 욕산과 므단과 미디안과 이스박과 수아를 낳고**(창 25:1-2)

하나님이 아브라함을 통해 약속의 자녀인 이삭을 주신 것은 일시적인 일이 아니었습니다. 그의 몸을 자녀 생산이 가능한 상태로 되돌려 주신 것입니다.

믿음의 모델하우스, 아브라함

아브라함은 지혜로웠습니다. 그는 하나님의 선택을 정확하게 분별했습니다. 즉 영적 상속권이 약속의 자녀인 이삭에게 있음을 잊지 않은 것입니다. 이삭만이 유일한 후계자입니다. 이것을 분명히 하기 위해 교통정리를 확실하게 했습니다.

> **아브라함이 이삭에게 자기의 모든 소유를 주었고**(창 25:5)

단순히 재산뿐 아니라 하나님에게 받은 모든 소유를 이삭에게 물려주었습니다. 하나님과 맺은 영과 육의 모든 상속권이 이삭에게 있다는 뜻입니다. 그가 일생을 통해 배운 것이 있다면 아닌 것은 아니라는 단순한 진리입니다.

그는 하갈에게서 낳은 첫 번째 아들 이스마엘을 사랑했습니다. 세상으로 내보내면 조카 롯처럼 타락할까 봐 걱정스러운 마음에 집착하다시피 붙들고 있었습니다. 그러나 그 집착이 오히려 이스마엘과 이삭의 관계를 악화시켰고, 마침내 이스마엘은 울며 쫓겨나는 신세가 되었습니다. 그는 하나님이 아니라고 하신 것은 끝까지 아니라는 사실을 뼈저리게 체험했습니다.

덕분에 자기 생전에 유일한 후계자 이삭을 위해서 주변을 깨끗하게 정리할 수 있었습니다. 나머지 자식들이 이삭에게 맞서 소유권을 주장한다면 이스마엘처럼 내쳐져야 할 것입니다. 후일 각각 아랍 민족을 이룰 여섯 자녀들에게 아예 재산을 주어서 이삭에게서 멀리 떠나가게 했습니다.

> 욕산은 스바와 드단을 낳았으며 드단의 자손은 앗수르 족속과 르두시 족속과 르움미 족속이며 미디안의 아들은 에바와 에벨과 하녹과 아비다와 엘다아이니 다 그두라의 자손이었더라 (창 25:3-4)

> 자기 서자들에게도 재산을 주어 자기 생전에 그들로 하여금 자기 아들 이삭을 떠나 동방 곧 동쪽 땅으로 가게 하였더라 아브라함의 향년이 백칠십오 세라 (창 25:6-7)

아브라함이 "자기 생전에 자기 아들 이삭"을 위해 그들을 언약의 땅에서 내보낸 겁니다. 여섯 자녀들은 아브라함의 아들 아닙니까? 아들이지요. 그러나 육적인 아들입니다. 상속권은 하나님이 선택하신 첫 후손에게만 있음을 안 것입니다.

아브라함의 신앙이 멋있습니다. 그는 배운 대로 결단하고 정확하게 행동할 만큼 지혜로웠습니다. 대개 죽을 때가 되면 분별력을 잃기 쉬운데, 아브라함이 영적으로 얼마나 깨어 있었는지를 알 수 있습니다.

아브라함은 75세에 가나안 땅을 향해 하란을 떠났습니다. 부름 받은 뒤 100년을 살았습니다. 파란만장한 100년이었습니다. 처음에는 기근을 피해 도망친 애굽에는 하나님이 안 계시는 줄 알았다가 세상 어디에나 계시는 하나님을 배웠고, 나중에는 말씀에 순종하여 아들 이삭을 바칠 수 있을 정도로 믿음이 자랐습니다. 하나님께 인정받는 삶을 살았습니다.

이것이 믿음의 삶입니다. 하나님을 믿는다고 해서 인생의 문제들이 저절로 해결되는 것은 아닙니다. 살다 보면 기근을 만나고 애굽 같은 세상과 부딪히기도 합니다. 세상은 믿음을 붙잡지 않으면 살아갈 수 없는 환경이기 때문에 믿음의 삶이라고 한 겁니다. 단순히 하나님을 믿는 데 그치지 않고, 하나님이 아니면 안 된다는 절실함으로 하나님의 방법을 좇아 사는 것이 믿음의 삶입니다.

아브라함의 마지막은 이렇게 기록되어 있습니다.

> 그의 나이가 높고 늙어서 기운이 다하여 죽어 자기 열조에게로 돌
> 아가매 그의 아들들인 이삭과 이스마엘이 그를 마므레 앞 헷 족속
> 소할의 아들 에브론의 밭에 있는 막벨라 굴에 장사하였으니 이것
> 은 아브라함이 헷 족속에게서 산 밭이라 아브라함과 그의 아내 사
> 라가 거기 장사되니라(창 25:8-10)

그는 정당한 가격을 지불하고 산 땅에 장사되었습니다. 사는 동안
숱한 시행착오를 겪었지만 그럼에도 불구하고 그는 끝까지 하나님을
붙잡는 삶을 살았습니다. 죽기 전까지 영적 분별력을 잃지 않았고, 믿
음의 조상답게 하나님 앞에서 어떻게 살아야 하는지를 하나하나 보여
주었습니다. 이렇게 믿음의 1세대가 아름답게 마무리되었습니다.

믿음의 첫 후손, 이삭
이제 믿음의 2세대, 이삭의 이야기가 본격적으로 시작됩니다.
성경에 등장하는 족보는 일반적인 족보와 그 의미가 다릅니다. 즉
족보 자체가 중요한 것이 아니라 이 족보를 통해서 하나님이 나타내고
자 하시는 의도가 중요합니다. 마태복음 1장을 보십시오. "아브라함부

터 다윗까지 열네 대요 다윗부터 바벨론으로 사로잡혀 갈 때까지 열네 대요 바벨론으로 사로잡혀 간 후부터 그리스도까지 열네 대"(17절)로 일부러 왕들을 빼버리고 14대씩 맞춰 버리지 않습니까?

> 아브라함의 아들 이삭의 족보는 이러하니라 아브라함이 이삭을 낳았고 이삭은 사십 세에 리브가를 맞이하여 아내를 삼았으니 리브가는 밧단아람의 아람 족속 중 브두엘의 딸이요 아람 족속 중 라반의 누이였더라 이삭이 그의 아내가 임신하지 못하므로 그를 위하여 여호와께 간구하매 여호와께서 그의 간구를 들으셨으므로 그의 아내 리브가가 임신하였더니(창 25:19-21)

보통 족보를 보면 몇 살에 낳아서 몇 살에 죽었다는 식으로 기록합니다. 그런데 이삭의 족보는 40세에 결혼해서 기도 끝에 가까스로 임신하게 되었다고 기록하고 있습니다. 특이합니다. 무슨 의미일까요? 믿음의 2세대에서 3세대로의 연결이 그만큼 중요하다는 것입니다.

이것이 첫 번째 후손인 이삭의 특징입니다. 아브라함이 믿음의 모델 하우스라면 이삭은 믿음의 2세대에서 3세대로 연결하는 역할을 합니다.

믿음의 1세대는 약속의 자녀를 낳기까지 오랫동안 인내해야 했습니다. 하나님은 때가 될 때까지 자녀를 허락하시지 않았습니다. 이로써 아브라함은 두 가지 특성을 나타내게 되었습니다.

첫째, 그의 삶은 마치 모델하우스와도 같이 후손들에게 믿음의 본이 되었습니다. 수많은 믿음의 후손들이 아브라함과 같은 인생길을 걷게 됩니다. 둘째, 선택은 하나님의 주권이라는 사실을 아들 이삭을 통해 분명히 배웠습니다. 이 선택은 아브라함에서 예수 그리스도에 이르기까지 변함이 없습니다. 인간의 조건에 의해 선택되는 것이 아닙니다. 아브라함의 씨라도 약속의 자녀가 아닌 이스마엘과 여섯 자녀들은 선택에서 제외됩니다. 혈통이 아니라는 뜻이지요.

믿음의 2세대인 이삭의 특성은 믿음의 후계자로서 첫 번째 후손이라는 것입니다. 첫 번째 후손을 주심으로 이후 모든 후손은 하나님의 것이라는 겁니다. 이것이 바로 이삭을 번제물로 바치라고 했다가 되돌려 주신 이유입니다.

아브라함의 사명이 믿음의 후계자를 세우는 것이었다면, 이삭의 사명은 그 믿음을 후대로 이어 주는 것입니다. 1세대로부터 받은 믿음을 그대로 전승하고 지켜 나갈 책임이 있는 것입니다. 그래서 이삭의 이야기는 3세대와 함께 시작됩니다.

언뜻 보기에 이삭의 이야기인지 야곱의 이야기인지 헷갈릴 정도로 전개가 빠릅니다. 그러나 야곱의 이야기처럼 보여도 이삭의 이야기입니다. 히브리 성경은 아버지가 살아 있는 동안은 아들의 이야기도 아버지의 이야기이기 때문입니다.

　아브라함을 믿음의 1세대로 선택하신 하나님은 이삭을 믿음의 첫 후손으로 삼으셨고, 곧 3세대를 지명하심으로써 선택을 완성시켜 나가십니다.

Part 1

하나님은
선택을
완성시켜 가신다

Chapter 1

선택은 오직
하나님의 주권이다

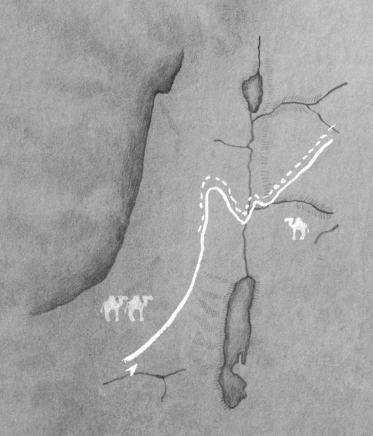

야곱이 뭐가 대단하다고

　2세대 믿음의 사람인 이삭과 리브가의 삶이 본격적으로 시작되는데 처음부터 문제가 생겼습니다. 리브가가 임신하지 못하는 것입니다. 얼마나 놀랐겠습니까? 이삭은 100세에 자기를 낳은 아버지 아브라함을 떠올렸을 것입니다. 혹시 나도 불임인가 하고 임신하지 못하는 아내 리브가를 위해 여호와께 간구했습니다. 하나님이 그의 간구를 들어주셔서 겨우 임신하였는데 뜻밖의 일이 벌어졌습니다.

　　이삭이 그의 아내가 임신하지 못하므로 그를 위하여 여호와께 간
　　구하매 여호와께서 그의 간구를 들으셨으므로 그의 아내 리브가
　　가 임신하였더니 그 아들들이 그의 태 속에서 서로 싸우는지라 그
　　가 이르되 이럴 경우에는 내가 어찌할꼬 하고 가서 여호와께 묻자

온대(창 25:21-22)

태 속에서 전쟁이 벌어진 것입니다. 리브가가 얼마나 힘들었으면 하나님께 "내가 어찌해야 합니까" 하고 하소연을 다 했겠습니까.

> 여호와께서 그에게 이르시되 두 국민이 네 태중에 있구나 두 민족
> 이 네 복중에서부터 나누이리라 이 족속이 저 족속보다 강하겠고
> 큰 자가 어린 자를 섬기리라 하셨더라(창 25:23)

하나님이 리브가에게 말씀해 주셨습니다. 2세대를 이어 갈 3세대의 선택이 이때 이루어진 것입니다. 리브가의 태중에 단순히 쌍둥이가 들어 있다는 것이 아니라 두 민족이 들어 있다고 하셨습니다. 뱃속에서부터 나뉘어 서로 다른 두 민족이 된다는 것입니다.

게다가 "큰 자가 어린 자를 섬기리라"는 말씀은 충격적이기까지 합니다. 당시 사회에서 대대로 지켜졌던 장자 승계를 무시한 말씀이기 때문입니다. 리브가는 여호와의 말씀을 마음에 담아 두었고, 남편에게도 들려주었을 것입니다.

이것이 의미하는 바가 무엇입니까? 하나님의 선택은 결코 인간의 조건에 따라 좌지우지되지 않는다는 것입니다.

> 그뿐 아니라 또한 리브가가 우리 조상 이삭 한 사람으로 말미암아
> 임신하였는데 그 자식들이 아직 나지도 아니하고 무슨 선이나 악

을 행하지 아니한 때에 택하심을 따라 되는 하나님의 뜻이 행위로 말미암지 않고 오직 부르시는 이로 말미암아 서게 하려 하사 리브가에게 이르시되 큰 자가 어린 자를 섬기리라 하셨나니 (롬 9:10-12)

야곱의 인물 됨됨이가 훌륭해서 또는 에서에게 어떤 문제가 있기 때문에 야곱을 선택하신 것이 아닙니다. 인간적으로 보면 남자답고 호방한 에서가 되레 더 멋있어 보입니다. 그러나 오십보백보입니다. 인간은 누구나 다 죄인입니다. 야곱이나 에서나 가능성이 없는 죄인이긴 마찬가지입니다. 가능성이 없는 데서 하나님이 주권적으로 선택하시는 것입니다. 이것이 바로 은혜입니다.

우리는 하나님이 누군가를 선택하셨을 때는 당연히 그럴 만한 이유가 있을 것이라고 생각합니다. 그러나 하나님이 아브라함을 첫 번째 사람으로 지목하신 데는 오직 주권적인 선택만이 있었습니다. 아브라함을 통해 태어날 후손들도 모두 하나님의 선택이었습니다. 그래서 약속의 자녀 이삭을 100세에 주셨습니다. 이삭이 아브라함에게서 비롯된 것이 아니라는 뜻입니다.

선택은 오로지 하나님의 주권에 달려 있다는 사실을 분명히 하기 위해 아브라함이 낳은 두 자녀 중에 이스마엘을 제외시키십니다. 왜 제외됩니까? 여종이 낳은 서출이기 때문입니까? 아닙니다. 선택은 혈통이 아니라 하나님의 주권에 있기 때문입니다. 그런데 사람들은 이삭이 정실부인인 사라에게서 태어났기 때문일 것이라고 생각합니다.

그래서 하나님은 믿음의 3세대를 통해 선택의 의미를 완성시키십니다. 정실부인 리브가에게서 태어날 두 아이 중에서 한 아이를 선택하십니다. 그것도 뱃속에서부터 말입니다. 아이의 외모나 능력을 보기도 전에 선택하신 것입니다. 무슨 뜻입니까? 오로지 주권에 달려 있다는 뜻입니다. 하나님의 완전한 선택을 보여 주시는 겁니다. 인간의 조건과 혈통을 보지 않겠다는 것입니다.

> 그 해산 기한이 찬즉 태에 쌍둥이가 있었는데 먼저 나온 자는 붉고 전신이 털옷 같아서 이름을 에서라 하였고 후에 나온 아우는 손으로 에서의 발꿈치를 잡았으므로 그 이름을 야곱이라 하였으며 리브가가 그들을 낳을 때에 이삭이 육십 세였더라 (창 25:24-26)

과연 야곱이 믿음의 3세대가 될 만큼 훌륭한 인물입니까? 오히려 야곱은 형 에서의 발꿈치를 잡고 나올 만큼 욕심 많고 집착이 큰 인물입니다. 뱃속에서도 얼마나 싸웠으면 리브가가 하나님께 물으러 나왔겠습니까? 이런 가능성이 없는 야곱을 하나님이 만들어 가시는 것입니다.

아브라함의 길, 이삭의 길

창세기 25장부터 27장까지는 이삭의 이야기가 집중적으로 나옵니다. 아브라함과 야곱의 이야기는 매우 풍부하고 분량도 많습니다. 뒤에 나올 요셉의 이야기도 깁니다. 그런데 상대적으로 이삭의 이야기는 매우 짧습니다. 이것은 이삭의 특징과도 관련이 깊습니다. 그가 믿음의 2세대로서 첫 번째 후손이기 때문입니다. 장남의 존재는 그 집안에 태가 열렸음을 의미합니다. 그래야 그다음에 차남, 삼남, 사녀, 오녀가 나올 수 있지 않겠습니까? 이삭은 다음 후계자인 3세대에게 믿음의 징검다리가 되는 막중한 역할을 맡은 것입니다.

믿음의 1세대 아브라함은 모든 믿는 후손을 위한 모델하우스와도 같다고 했습니다. 그래서인지 이삭의 삶은 아브라함의 삶의 여정을 그대로 따라갑니다.

> **아브라함 때에 첫 흉년이 들었더니 그 땅에 또 흉년이 들매 이삭이**
> **그랄로 가서 블레셋 왕 아비멜렉에게 이르렀더니**(창 26:1)

아브라함이 첫 흉년이 들어서 애굽에 내려갔듯이 이삭도 2세대를 시작하자마자 흉년이 들어 그랄로 옮겨 갔습니다. 아브라함이 75세에 하란을 떠나 가나안에 도착했을 때 흉년이 들었고, 175세에 죽은 다음에 흉년이 들었으니 100여 년 만에 찾아온 큰 흉년이었습니다. 이삭은 아브라함이 흉년에 애굽에 내려가서 살아남은 이야기를 듣고 자랐을 것입니다. 큰 흉년에 살아남을 수 있는 곳은 애굽뿐이라고 생각하고 아브라함처럼 애굽으로 내려가려고 했습니다. 그러나 하나님이 애굽으로 내려가는 것을 막으셨습니다.

> **아브라함 때에 첫 흉년이 들었더니 그 땅에 또 흉년이 들매 이삭이**
> **그랄로 가서 블레셋 왕 아비멜렉에게 이르렀더니 여호와께서 이**

삭에게 나타나 이르시되 애굽으로 내려가지 말고 내가 네게 지시

하는 땅에 거주하라(창 26:1-2)

아브라함이 내려갈 때는 놔두셨는데 이삭은 못 가게 막으셨습니다. 하나님은 흉년임에도 불구하고 이삭이 약속의 땅에서 벗어나지 않기를 원하셨습니다. 아브라함이 여러 지역을 돌아다니며 시행착오를 통해 믿음을 키웠다면, 이삭은 믿음을 이어 갈 자이기에 약속의 땅을 떠나지 않도록 막으신 것입니다.

이것이 아브라함과 이삭의 차이입니다. "내가 이 땅을 네 자손에게 주리라"(창 12:7) 하신 땅을, 값을 주고 막벨라 굴을 사는 것으로 기업을 만들었습니다. 후손을 위한 약속의 땅입니다. 1세대에게는 믿음을 삶으로 살아 내는 책임이 있다면, 믿음의 첫 후손인 2세대는 그걸 지켜나갈 책임이 있습니다. 이삭에게는 약속의 땅을 지켜야 할 책임과 함께 3세대 후계자에게 믿음을 이어 줘야 할 사명이 있었습니다. 하나님 앞에서 각자 부르심이 다르고 사명이 다른 것입니다.

이후 이삭은 아브라함과 똑같은 행보를 보입니다. 유전자가 같은 아버지와 아들답게 아버지가 걸었던 길을 아들이 그대로 걷습니다. 아브라함에게 일어났던 힘든 상황이 이삭에게도 그대로 일어났고, 아브라함이 그랬듯이 이삭도 아내를 누이라고 속였습니다. 그럼에도 불구하고 아비멜렉이 아브라함에게 "하나님이 너와 함께하는 것을 내가 봤다"고 한 것처럼 이삭에게도 똑같이 "여호와께서 너와 함께 계심을"(창 26:28) 보았다고 고백합니다.

2세대 이삭에게는 믿음을 지키는 책임이 있었습니다. 때문에 약속의 땅을 지켜야 했습니다. 100여 년 만에 찾아온 기근입니다. 하나님의 첫 번째 선택, 아브라함도 애굽으로 피했을 정도로 심한 기근이었습니다. 잘못하면 죽을 수도 있습니다. 살길이 막막합니다. 그런데 하나님은 거기에서 그치지 않고 놀라운 말씀을 하십니다.

> 이 땅에 거류하면 내가 너와 함께 있어 네게 복을 주고 내가 이 모든 땅을 너와 네 자손에게 주리라 내가 네 아버지 아브라함에게 맹세한 것을 이루어 네 자손을 하늘의 별과 같이 번성하게 하며 이 모든 땅을 네 자손에게 주리니 네 자손으로 말미암아 천하 만민이 복을 받으리라(창 26:3-4)

아브라함에게 준 것과 같은 약속의 말씀을 이삭에게도 주신 것입니다. 아브라함과 맺었던 언약을 이삭에게 재확인시키셨습니다. 아브라함의 상속자인 이삭을 하나님의 언약을 지켜 나갈 사명자로 부르셨다는 뜻입니다.

그럼에도 쉽지 않습니다. 약속의 땅에 깃발 하나 꽂았을 뿐인데 그 '땅에 거류'하라고 하십니다. 나그네로 살라는 것입니다. 후손들에게 그 땅을 주실 때까지 나그네로 살아야 합니다.

이것이 아브라함을 따라가는 성도들의 삶입니다. 우리는 이 땅의 나그네입니다. 믿음의 사람들을 부르신 이유는, 아브라함처럼 하나님의 말씀을 지켜 나가는 싸움을 하며 살아야 하기 때문입니다. 이것이 믿는 자들의 사명입니다. 이 땅에서 나그네 인생을 살아야 하는 것이 이삭에게 주어진 첫 번째 요구 사항입니다.

> **이 후에 여호와의 말씀이 환상 중에 아브람에게 임하여 이르시되 아브람아 두려워하지 말라 나는 네 방패요 너의 지극히 큰 상급이 니라**(창 15:1)

아브라함에게 하셨던 약속을 이삭에게도 하실 것입니다. 이 땅에서 나그네로 살며 믿음의 싸움을 해 나갈 때 하나님이 이삭의 방패요 지극히 큰 상급이 될 것입니다. 그러니 평안을 찾아 애굽으로 내려가지 말고 고난을 선택하라는 것입니다.

믿음은 고난입니다. 믿음의 가치를 좇는 것은 결코 쉬운 일이 아닙니다. 세상은 알지도 못하는 가치입니다. 그것을 하나님이 요구하십니다. 하나님이 주신 것을 지키기 위해 싸워 나가면 아브라함에게 약속하셨던 축복을 동일하게 받는다는 것을 세상에 보여 줄 책임이 우리에게 있습니다.

> **이는 아브라함이 내 말을 순종하고 내 명령과 내 계명과 내 율례와 내 법도를 지켰음이라 하시니라**(창 26:5)

이것이 아브라함이 복을 받은 이유입니다. 우리에게 닥친 고난을 어떻게 견딜 수 있겠습니까? 인간의 힘으로는 어렵습니다. 내 능력과 실력으로는 할 수 없습니다. 하나님이 선택한 자에게 주시는 은혜로만 가능합니다. 선택하여 약속하셨으므로 믿음을 주신 것입니다. 아브라함에게 계명과 율례와 명령을 주셨는데 거기에 순종했다는 것입니다. 그래서 아브라함이 복을 받을 수 있었습니다.

하나님은 아브라함의 복이 하나님과의 약속 관계 안에 있음을 이삭에게 알려 주신 것입니다. 하나님의 약속, 하나님의 계명, 하나님의 율법과 관계가 있습니다. 그러니 하나님께 순종하십시오. 그것이 복입니다. 아브라함은 하나님 안에서 복을 받는다는 것을 알고 약속을 지켜 나갔습니다. 이삭은 믿음의 첫 후손답게 아브라함의 믿음을 그대로 따랐습니다. 여호와의 말씀에 순종하여 그 땅에 머물렀습니다.

그러나 곧 아브라함과 같은 시험에 빠집니다.

> 그곳 사람들이 그의 아내에 대하여 물으매 그가 말하기를 그는 내 누이라 하였으니 리브가는 보기에 아리따우므로 그곳 백성이 리브가로 말미암아 자기를 죽일까 하여 그는 내 아내라 하기를 두려워함이었더라(창 26:7)

삶의 현장에서 문제를 만나자 이삭은 아브라함이 저질렀던 실수를 똑같이 반복합니다. 배웠는데도 소용이 없습니다. 약점입니다. 생명이 하나님께 있어서 하나님이 살리실 수도 죽이실 수도 있다는 것을 머리로는 다 알고 있으나 문제를 만나면 먼저 낙담하고 원망부터 합니다. 입술의 고백과 삶의 현실이 다른 것입니다.

부모가 아무리 성화되었어도 자식은 성화되어 태어나지 않습니다. 가장 원초적인 상태로 태어나 자라는 것입니다. 기도하고 낳은 아이가 어떻게 저럴 수 있냐고 낙심하지 마십시오. 그 아이 스스로 하나님 앞에서 자라 가야 합니다. 자녀를 낳아 기르다 보면 부모가 낙심할 때가 있습니다. 하나님이 아이를 만들어 간다는 믿음이 있으면서도 불안하고, 마땅히 가르쳐야 할 것을 가르치지만 아이를 보면 허공에 외치는 것만 같습니다. 열심히 기도해 주고 말씀을 가르치는데도 어디서 세상적인 악한 꾀를 배웠는지 과연 이 아이가 내 아이인가 싶을 만큼 놀랄 때가 있습니다. 인간적으로 한계를 느낍니다.

아내가 우리 아들을 보고 "쟤는 내가 낳았는데 왜 저럴까?" 하면 나는 가만히 있습니다. 성화되기 전의 내 모습과 똑같기 때문입니다.

번제단에 드려졌던 이삭이라도 예외가 될 수 없습니다. 그도 하나님 앞에서 믿음의 단계를 밟아야 합니다. 하나님의 사람은 한 번 결단으로 이루어지는 것이 아닙니다. 끊임없는 위기 속에서 하나님을 붙잡고 세상과 싸워 나가는 중에 믿음이 자랍니다. 그래서 이삭도 아브라함이 걸었던 과정을 고스란히 겪습니다.

이삭도 아브라함과 똑같습니다. 단순히 제 아비를 닮아서 그런 것이 아닙니다. 믿음의 과정을 똑같이 겪어 나가는 것입니다.

이삭이 거기 오래 거주하였더니 이삭이 그 아내 리브가를 껴안은 것을 블레셋 왕 아비멜렉이 창으로 내다본지라(창 26:8)

하나님의 말씀에 순종했으면 빨리 구해 주셔야 하는데, 오래 머물도록 하십니다. 이게 문제입니다. "하나님, 이 고난을 언제까지 견뎌야 합니까?" 하고 물을 때가 있지요.

어떤 청년이 하소연합니다.

"하나님이 도대체 내게 왜 이러시는지 모르겠어요."

이유는 간단합니다.

"자네는 그 문제만 생기면 하나님 앞에서 '왜 그래요' 하잖아. 잘하다가도 그 문제만 만나면 열을 내니, 그 문제를 통해서 자네를 만지시려는 거야. 자네가 '예' 하고 순종할 때까지 그 문제를 끝까지 주실 거야."

"언제까지입니까?" 하고 묻는다면 아직 멀었습니다. "하나님이 하십니다" 하고 따라가면 더 이상 문제가 되지 않습니다. 하나님은 이유가 있어서 오래 끌고 가실 때가 있습니다. 하나님을 전적으로 신뢰함으로 그것을 놓을 때까지 끌고 가십니다. 그것이 더 이상 문제가 되지 않을 때까지 끌고 가십니다. 하나님은 그런 분이십니다. 그래야 우리의 믿음이 장성할 수 있기 때문입니다. 잘 자라게 하기 위해 고난을 허락하시는 것입니다.

힘든 과정을 겪어야 사람다워진다는 것을 경험으로 알지 않습니까? 자녀를 편안하게만 한다고 해서 아이가 일생 편안하게 살지 않는다는 것을 잘 알지 않습니까? 하나님은 당신의 자녀가 사탄 앞에서 가치 없게 뒹구는 걸 원하지 않으십니다. 사탄은 우리를 그냥 놔두지 않습니다. 그래서 하나님은 훈련을 통해서라도 사탄의 어떤 공격에도 흔들리지 않는 하나님의 사람으로 만들어 가기를 원하십니다.

이삭이 리브가를 껴안는 모습을 블레셋 왕 아비멜렉이 창을 통해 보았습니다. 개역개정에는 블레셋 왕 아비멜렉이 우연히 목격한 것처럼 묘사되어 있지만, 원문을 보면 '보다'와 관련된 표현이 무려 세 번이나 나옵니다. 부부 관계에서나 있을 법한 행동을 보고 아비멜렉이 놀라서 굉장히 주의 깊게 봤다는 뜻입니다.

> 이에 아비멜렉이 이삭을 불러 이르되 그가 분명히 네 아내거늘 어찌 네 누이라 하였느냐 이삭이 그에게 대답하되 내 생각에 그로 말미암아 내가 죽게 될까 두려워하였음이로라 아비멜렉이 이르되 네가 어찌 우리에게 이렇게 행하였느냐 백성 중 하나가 네 아내와 동침할 뻔하였도다 네가 죄를 우리에게 입혔으리라(창 26:9-10)

당시는 처녀를 범하더라도 아내로 삼으면 처벌을 면할 수 있었습니다. 하지만 여인이 유부녀라면 얘기가 달라집니다. 따라서 이삭이 리브가를 누이라고 속인 일은 죄의 덫을 놓은 것이나 다름없습니다. 아비멜렉은 모든 백성에게 "이 사람이나 그의 아내를 범하는 자는 죽이리라"(창 26:11)고 명령했습니다.

아브라함 때와 똑같은 상황입니다.

> 그 밤에 하나님이 아비멜렉에게 현몽하시고 그에게 이르시되 네가 데려간 이 여인으로 말미암아 네가 죽으리니 그는 남편이 있는 여자임이라 아비멜렉이 그 여인을 가까이하지 아니하였으므로 그

가 대답하되 주여 주께서 의로운 백성도 멸하시나이까 그가 나에게 이는 내 누이라고 하지 아니하였나이까 그 여인도 그는 내 오라비라 하였사오니 나는 온전한 마음과 깨끗한 손으로 이렇게 하였나이다 하나님이 꿈에 또 그에게 이르시되 네가 온전한 마음으로 이렇게 한 줄을 나도 알았으므로 너를 막아 내게 범죄하지 아니하게 하였나니 여인에게 가까이하지 못하게 함이 이 때문이니라 이제 그 사람의 아내를 돌려보내라 그는 선지자라 그가 너를 위하여 기도하리니 네가 살려니와 네가 돌려보내지 아니하면 너와 네게 속한 자가 다 반드시 죽을 줄 알지니라 (창 20:3-7)

아브라함 때에 하나님이 아비멜렉에게 선포한 내용을 이삭의 때에는 아비멜렉이 스스로 선포했습니다. 사라를 보호하셨듯이 리브가를 보호하신 것입니다. 하나님은 아브라함을 선지자라고 하십니다. 아브라함이 선지자라면 이삭은 하나님의 사람입니다.

비로소 이삭의 하나님을 만나다

이삭이 그 땅에서 농사하여 그 해에 백 배나 얻었고 여호와께서 복을 주시므로 그 사람이 창대하고 왕성하여 마침내 거부가 되어 (창 26:12-13)

'왕성하다'에는 '창대하다'라는 뜻 외에 '가다, 걷다, 계속 가다'라는 뜻도 있습니다. 가고 걷는 것에는 목적이 있습니다. 창대한 쪽으로 간다는 것입니다. 이삭에게 복을 주셨는데 100배만 주신 것이 아니라 계속 부유하게 만들어 주셨다는 뜻입니다.

> 양과 소가 떼를 이루고 종이 심히 많으므로 블레셋 사람이 그를 시기하여 그 아버지 아브라함 때에 그 아버지의 종들이 판 모든 우물을 막고 흙으로 메웠더라 (창 26:14-15)

블레셋 사람들이 시기할 정도로 부유해졌습니다. 이삭은 원래 아버지를 따라 목축업을 하던 사람입니다. 그런 그가 처음 농사를 지었는데 100배의 결실을 맺었습니다. 타고난 농사꾼인 블레셋 사람들보다 더 잘했다는 겁니다. 어떻게 그럴 수 있습니까? 하나님이 창대케 하신 것입니다.

애굽으로 내려가지 말라고 하신 하나님의 말씀에 순종하여 갈 수 있는 한 끝까지 가서 머문 곳이 블레셋입니다. 이삭은 그 선을 넘지 않았습니다. 하나님은 약속대로 이삭에게 100배의 복을 내려 주셨습니다. 한 번만 하신 것이 아니라 계속해서 창대케 하셨습니다. 그러니 블레셋 사람들이 시기하여 우물을 막아 버렸지요.

사실 그 우물은 아브라함이 정확한 값을 주고 산 것입니다. 원래 아브라함의 것인데 블레셋 사람들이 메워 버린 겁니다 (창 21:27-31).

아비멜렉이 이삭에게 이르되 네가 우리보다 크게 강성한즉 우리

를 떠나라 (창 26:16)

이삭이 정말로 그렇게까지 강성했을까요? 아비멜렉은 블레셋의 왕이고 이삭은 한 가정의 가장에 불과했습니다. 아비멜렉은 초짜 농사꾼인 이삭이 100배의 결실을 맺는 것을 보고 두려웠습니다. 아버지 아브라함도 잘살았지만 이삭은 그보다 더 잘되는 것 같았습니다. 아비멜렉은 사실 이삭이 아니라 이삭의 하나님이 두려운 것입니다. 그래서 이삭이 더 강해지기 전에 블레셋에서 떠날 것을 요구합니다.

이삭이 그곳을 떠나 그랄 골짜기에 장막을 치고 거기 거류하며 그

아버지 아브라함 때에 팠던 우물들을 다시 팠으니 이는 아브라함이

죽은 후에 블레셋 사람이 그 우물들을 메웠음이라 이삭이 그 우물

들의 이름을 그의 아버지가 부르던 이름으로 불렀더라 (창 26:17-18)

그랄 골짜기는 블레셋의 직접적인 영향권에서 벗어난 곳입니다. 기근 때문에 블레셋으로 내려간 이삭은 이 근처에서 15년을 버티며 살았습니다. 삶의 근거지를 옮겨서 살아간다는 것은 결코 쉬운 일이 아닙니다. 그는 아브라함의 우물들을 다시 파고는 옛 이름으로 불렀습니다. 이스라엘 문화에서는 이름에 그 본질이 담겨 있다고 여깁니다. 즉 옛 이름으로 불렀다는 것은 거기에 하나님이 아브라함에게 베푸신 은혜에 대한 고백을 담았음을 의미합니다.

> **이삭의 종들이 골짜기를 파서 샘 근원을 얻었더니 그랄 목자들이
> 이삭의 목자와 다투어 이르되 이 물은 우리의 것이라 하매 이삭이
> 그 다툼으로 말미암아 그 우물 이름을 에섹이라 하였으며**
>
> (창 26:19-20)

그랄 목자들과 이삭의 목자들 간에 다툼이 일어났습니다. 말로만 다툰 것이 아니라 물리적으로 쌈박질까지 했다는 뜻입니다. 나그네 이삭이 억압받다가 끝내 강탈당한 사건입니다.

이삭은 그 다툼으로 말미암아 우물의 이름을 '에섹'이라고 불렀습니다. 에섹은 '다투다'라는 뜻입니다. 오죽하면 이름을 그렇게 지었겠습니까? 이삭이 억울해서 마음으로 싸우고 있는 것입니다.

광야에서 우물은 생명과 같습니다. 우물은 생명과 축복을 의미합니다. 그만큼 쉽게 얻어지지 않습니다. 우물을 파자 물이 터졌다는 것 자체가 축복인데, 정당하게 얻은 우물을 빼앗겼으니 억울할 수밖에 없습니다. 그들은 강하고 나그네 이삭은 연약합니다. 맞서 싸우지는 못하고 속만 타는 상황입니다.

> **또 다른 우물을 팠더니 그들이 또 다투므로 그 이름을 싯나라 하였
> 으며**(창 26:21)

'싯나'는 '대적, 원수'라는 뜻으로 사탄과 어근이 같습니다. 이번에도 이삭은 싸우지 않고 피할 수밖에 없었습니다.

이삭이 거기서 옮겨 다른 우물을 팠더니 그들이 다투지 아니하였
으므로 그 이름을 르호봇이라 하여 이르되 이제는 여호와께서 우
리를 위하여 넓게 하셨으니 이 땅에서 우리가 번성하리로다 하였
더라(창 26:22)

두 번이나 우물을 빼앗긴 후에 이번에는 물이 나올 확률이 희박한
곳에 가서 우물을 팠습니다. 그런데도 물이 터져 나왔습니다. '르호봇'
은 '장소가 넓다'는 뜻입니다. 아브라함에게서 배운 것입니다.

육적인 다툼을 피해 다니며 우물을 팠는데, 그 과정에서 이삭이 배
운 것은 하나님의 지경은 사람의 지경을 뛰어넘는다는 사실이었습니
다. 이삭의 신앙이 자라난 것입니다. 아브라함에게 동서남북 사방을 보
게 하셨듯이(창 13:14) 이삭에게 우물을 통해 넓은 지경을 보게 하셨습니
다. 이삭의 영적 안목이 넓어졌습니다. 불가능을 가능케 하시는 하나님
을 배운 것입니다. 아브라함이 배우면서 간 신앙의 길을 이삭도 배우면
서 갑니다. 그리고 그 길은 우리도 배우면서 가야 할 믿음의 길입니다.

청년 시절, 나는 매우 어렵게 살았습니다. 사방이 꽉 막힌 듯한 현실
에서 내가 할 수 있는 것은 아무것도 없었습니다. 그런 상황에서 하나
님마저 없다면 내겐 소망이 없는 것이기 때문에 오직 하나님만 바라보
았습니다. 가장 가슴 아팠던 것은, 사람들이 함부로 판단하는 것이었습
니다. 물론 청년 시절이니 내게도 잘못이 있었을 것입니다. 그러나 교
회 안에서 믿음의 사람들에게 억울한 소리를 들을 때면 낙담되었습니
다. 내 안에 얼마나 많은 에섹(다툼)과 싯나(대적)가 있었는지 모릅니다.

그때마다 하나님은 하나님을 바라는 자를 버리시지 않을 거란 믿음으로 살았습니다. 그러다 지경을 넓히시는 하나님을 알게 되었습니다. 하나님은 나의 억울함을 해소하시는 분이 아니라 내가 살아온 삶이 그렇게 억울한 게 아니라는 사실을 알게 하시는 크신 분임을 깨닫게 된 것입니다.

때로 하나님은 하나님의 크심을 알게 하기 위해 이 길을 가게 하십니다. 이삭처럼 억울하십니까? 포기하지 말고 이삭처럼 그 길을 가십시오. 그 길 끝에서 절벽이 아니라 하나님의 크심을 보게 될 것입니다.

> **이삭이 거기서부터 브엘세바로 올라갔더니**(창 26:23)

브엘세바는 르호봇보다 150미터 낮은 지대입니다. 그는 이곳에서 가장 오랫동안 머물렀습니다. 이삭의 인생에서 가장 중요한 장소 중 하나입니다.

> **그 밤에 여호와께서 그에게 나타나 이르시되 나는 네 아버지 아브라함의 하나님이니 두려워하지 말라 내 종 아브라함을 위하여 내가 너와 함께 있어 네게 복을 주어 네 자손이 번성하게 하리라 하신지라**(창 26:24)

이삭은 브엘세바에서 하나님과 언약을 맺었습니다. 아브라함이 하나님과 언약을 맺은 거룩한 장소이기도 합니다.

> 아브라함은 브엘세바에 에셀 나무를 심고 거기서 영원하신 여호
> 와의 이름을 불렀으며(창 21:33)

하나님께서 아브라함과 맺은 언약이 이삭을 통해서 신실하게 흘러
갈 것을 약속하고 있는 것입니다.

> 이삭이 그곳에 제단을 쌓고, 여호와의 이름을 부르며 거기 장막을
> 쳤더니 이삭의 종들이 거기서도 우물을 팠더라(창 26:25)

바로 그곳에 이삭이 제단을 쌓고 감사를 드렸습니다. 일가를 이룬
이삭이 처음으로 제단을 쌓은 곳입니다. 아브라함과 함께 모리아 산에
올랐을 때도 이삭은 이미 제사에 대해 잘 알고 있었습니다. 그러나 이
것은 아브라함이 아닌 이삭이 처음으로 쌓은 제단이라는 점에서 의미
가 있습니다.

제단을 쌓고 여호와의 이름을 불렀다는 것은 하나님을 깊이 체험했
음을 뜻합니다. 제단이 곧 체험의 장소인 것입니다. 이삭이 제물로 바쳐
진 것은 아브라함의 신앙이었으나 이삭이 우물을 팔 때마다 축복하신
하나님을 발견하고 나서 쌓은 제단은 이삭의 신앙입니다. 아브라함의
신앙이 비로소 이삭의 신앙이 된 것입니다. 여호와의 이름을 불렀더니
이삭의 삶 속에서 샘물이 터져 나왔습니다. 이것이 신앙 고백입니다.

나는 불교 집안에서 기독교인이 되었기 때문에 모태신앙인들이 너
무 부러웠습니다. 무엇보다 친구들이 부모님의 기도를 받고 자라는 것

이 부러웠습니다. 그래서 나도 자녀를 낳으면 열심히 기도로 키워야겠다고 생각했고, 실제로 자녀를 위한 기도를 열심히 했습니다. 그런데 꽤 오래전부터 아이들을 위한 기도가 한 가지로 압축되었습니다.

"하나님, 이 아이가 인생 속에서 하나님을 깊이 체험하고 고백했으면 좋겠습니다. 하나님이 저를 만나 주신 것처럼 이 아이의 하나님이 되어 주십시오."

자녀를 위한 기도에는 건강을 위한 기도, 공부 잘하는 기도, 좋은 직장과 좋은 배우자를 만나는 기도도 있어야 합니다. 그러나 내 인생을 돌아보았을 때 무엇보다 하나님을 깊이 만나는 것이 가장 중요합니다. 하나님을 깊이 체험해야 삶의 이유도 생기고 열심히 살아야 할 목적도 생깁니다.

아브라함을 만나신 하나님께서 이제 이삭을 만나셨습니다. 아브라함이 롯에게 '네가 우하면 내가 좌하리라' 하면서 하나님의 광대하심을 배웠듯이 이삭도 에섹과 싯나를 거쳐 르호봇에 이르기까지 하나님의 무궁하심을 배웠습니다. 우리는 이삭을 통해 하나님이 붙잡으시는 자에게 임하는 지경과 복이 얼마나 넓고 큰지를 배웁니다.

인생을 살다 보면 이해할 수 없는 일들을 만나기도 합니다. 그럴 때 속은 다투더라도 세상과는 다투지 마십시오. 하나님을 의지하며 오히려 한 걸음 물러나십시오. 그것으로도 축복을 받을 것이고, 그렇게 함으로써 하나님이 살아 계심을 볼 것입니다. 하나님을 자랑하는 사람이 될 것입니다. 사람이 하나님을 자랑하면 하나님은 그에게 하나님의 명예를 거십니다. 하나님의 사람이 되는 것입니다. 하나님의 사람이 되면 이삭처럼 내 인생의 르호봇을 고백하게 될 것입니다.

> **아비멜렉이 그 친구 아훗삿과 군대 장관 비골과 더불어 그랄에서**
> **부터 이삭에게로 온지라**(창 26:26)

매우 이례적인 일이 벌어졌습니다. 왕과 왕의 친구와 군대 장관이 이삭을 찾아온 것입니다. 다툴 힘이 없어서 '에섹', '싯나'라고 쓴 이름을 내뱉으며 피해 다니던 이삭을 실력자들이 찾아온 것입니다.

> **이삭이 그들에게 이르되 너희가 나를 미워하여 나에게 너희를 떠나**
> **게 하였거늘 어찌하여 내게 왔느냐 그들이 이르되 여호와께서 너와**
> **함께 계심을 우리가 분명히 보았으므로 우리의 사이 곧 우리와 너**
> **사이에 맹세하여 너와 계약을 맺으리라 말하였노라**(창 26:27-28)

공들여 판 우물을 계속해서 빼앗겼으니 이삭에게 그들은 조폭이나 다름없습니다. 그런데 한동안 잠잠하나 싶더니 그 조폭의 우두머리가 찾아왔습니다. 순간 얼마나 겁이 났겠습니까.

그런데 그들이 하는 말이 기가 막힙니다. 우물을 빼앗기만 한 것이 아니라 보았다는 것입니다. 여호와 하나님이 이삭과 함께 계시는 것을 아주 자세히 주목하여 관찰했다는 뜻입니다. 그 결과 여호와가 누군지 모르나 두려워졌습니다. 언제 보복당할까 두려워졌습니다. 그래서 이삭이 여호와 하나님으로 인해 더 강해지기 전에 화평을 맺는 게 좋겠다고 판단하고 그를 찾아온 것입니다. 여호와의 이름으로 이삭이 인정을 받은 것입니다.

사실 이삭은 아무것도 한 일이 없습니다. 빼앗기고 피하고 빼앗기고 피한 것밖에 없습니다. 그런데 그들은 이렇게 힘없이 도망다니는 이삭에게서 하나님의 도우심을 보았습니다. 이것이야말로 그리스도인의 힘이 되어야 됩니다. 그리스도인은 자기 힘으로 세상을 이길 수 없음을 아는 자들입니다. 하나님의 이름으로 세상을 이기는 자가 그리스도인입니다.

나의 아버지는 폐암으로 소천하셨습니다. 아버지가 투병하실 때 당시 형제들 중에 제일 가난하고 힘이 없는 내가 병원을 모시고 다녔습니다.

"내가 볼 때 너희 가족은 가난해도 보기가 참 좋다. 걱정이 되지 않는구나. 네 하나님이 지켜 주시는 것을 알겠다."

아버지가 내게 한 말입니다. 부모님을 모시고 살기도 했고 이웃해서 살기도 하면서 아버지가 지켜본 우리 가정이 그랬다는 얘기입니다. 아버지는 외국에서 공부하던 막내 동생이 잠시 귀국해서 전한 복음을 듣고 영접하셨습니다. 세례는 막내 동생이 다시 방학을 맞아 한국에 들어오면 받겠다고 하셨는데, 안타깝게도 동생이 오기 전에 소천하셨습니다. 하지만 아버지가 복음을 받아들였다는 사실 하나만으로도 내겐 큰 선물이었습니다. 그리고 하나님을 붙잡고 살아가는 우리 가정을 통해 그토록 완강하던 아버지가 마음문을 열었다고 믿습니다.

세상 사람들은 안 보는 것 같지만 다 봅니다. 그들이 돈이나 명예를 가지고 자랑할 때 말려들지 마십시오. 그들에겐 우리가 망할 것 같은데 망하지 않는, 다른 기쁨을 보고 다른 은혜를 맛보는 사람들입니다. 우리는 우리 삶에서 역사하시는 하나님을 드러내기만 하면 됩니다.

고대 근동에서는 언약을 맺을 때 동물의 몸통을 쪼개어 그 가운데를 지나가는 풍습이 있었습니다. 이것은 계약을 파기할 경우 몸이 두 쪽 나는 형벌을 받을 것이라는 암시입니다. 이런 계약을 블레셋 왕 아비멜렉이 나그네 이삭에게 먼저 제안했습니다.

> 너는 우리를 해하지 말라 이는 우리가 너를 범하지 아니하고 선한 일만 네게 행하여 네가 평안히 가게 하였음이니라 이제 너는 여호와께 복을 받은 자니라(창 26:29)

히브리어 성경에는 "이제 너는"의 발음이 '아타 아타'로 같습니다. 성경에서 반복은 강조를 의미합니다. 같은 발음으로 강조해서 '여호와께 대단한 복을 받은 사람'임을 찬양하는 것입니다.

아비멜렉과 화평케 됨으로 이삭은 평안을 찾았습니다. 그러나 세상의 문제가 풀린 것으로 이삭을 복 받은 자로 이해해서는 안 됩니다. 아비멜렉이 이삭과 언약을 맺으려 할 때 아비멜렉은 정직하지 않았습니다. 이삭을 범한 적이 없고 선한 일만 행했다니요. 이삭은 이 사건을 통해서 배운 것이 있습니다. 하나는 세상에 대한 이질감입니다. 아브라함이 애굽에 갔을 때 사라를 누이라고 속인 것은 그곳에 하나님을 경외하는 자가 없다고 여길 만큼 이질감을 느꼈기 때문입니다. 그리스도인은 세상에서 묘한 이질감을 느낍니다. 어울려 다니면서도 뭔가 통하지 않는 면이 있습니다. 이삭은 블레셋에서 아브라함이 애굽에서 느낀 이질감을 느끼고 있습니다.

또 하나는 이삭의 부유함을 시기하여 빼앗고 쫓아낸 그들이 오히려 언약을 맺으러 온 것은 이삭을 도우시는 하나님을 두려워했기 때문이라는 사실입니다. 그들은 믿는 자가 받는 하나님의 복을 두려움으로 바라보고 있습니다. 나그네라고 세상 밖으로 밀쳐 내고 싶지만 함부로 할 수가 없습니다. 보이지 않는 하나님의 보호하심을 느끼기 때문입니다. 하나님의 복을 받고 하나님이 은혜를 베푸신 게 증명될 때 세상이 굴복합니다. 이삭은 여전히 아브라함이 간 길을 걷고 있습니다.

> 이삭이 그들을 위하여 잔치를 베풀매 그들이 먹고 마시고 아침에 일찍이 일어나 서로 맹세한 후에 이삭이 그들을 보내매 그들이 평안히 갔더라 그날에 이삭의 종들이 자기들이 판 우물에 대하여 이삭에게 와서 알리어 이르되 우리가 물을 얻었나이다 하매 그가 그 이름을 세바라 한지라 그러므로 그 성읍 이름이 오늘까지 브엘세바더라 (창 26:30-33)

언약을 체결하고 나서 잔치를 베푸는 것은 고대 근동 지방의 보편적인 관례였습니다. 잔치 후에 이삭은 그들을 평안히, 즉 만족스럽게 해서 돌려보냈습니다. 바로 그날 종들이 판 우물에서 또 힘찬 물줄기가 솟아올랐습니다. 대적에게 인정받고 조약까지 체결했는데 우물이 터졌으니 만사형통한 느낌입니다.

브엘은 우물입니다. 세바는 '맹세'라는 뜻으로 완전수 7에서 유래했습니다. 브엘세바는 '맹세의 우물'이라는 뜻입니다. 아비멜렉과 조약을 맺음으로써 이삭은 숨통이 트였고, 이제부터 브엘세바는 그의 신앙의 근거지가 됩니다. 이곳에서 하나님과 언약을 맺었고, 여기서 우물이 터졌고, 하나님과 깊은 체험을 했기 때문입니다.

나중에 이스라엘은 단에서 브엘세바까지라고 표현됩니다. 단은 북쪽의 끝이고 브엘세바는 남쪽의 끝이지요. 브엘세바가 젖과 꿀이 흐르는 땅의 남쪽 경계선이 될지 이삭이 어떻게 알았겠습니까. 여기서 맺은 조약을 시작으로 그 안쪽 땅을 이스라엘이 모두 갖게 될 줄 어떻게 알았겠습니까.

아브라함이 믿음의 길을 걸으면서 장차 열방이 그의 믿음을 본받게 될 줄은 미처 몰랐을 것입니다. 한때 아내를 누이라고 속인 겁쟁이던 그가 믿음의 조상이 될 줄도 미처 몰랐을 것입니다. 하나님이 아들 이삭을 바치라고 하셨을 때 생명이 하나님께 있음을 고백하고 드렸던 사건이 믿음의 모델로 될 줄을 전혀 몰랐을 것입니다. 또 이삭을 바치려 했던 모리아 산이 후일 다윗이 아라우나 타작마당에서 재앙을 막고 번제를 드린 장소가 되고 거기에 솔로몬의 성전이 서고, 예수님이 십자가에 못 박혀 죽으실 줄은 꿈에도 몰랐을 것입니다.

믿음이 어떤 열매와 결과를 맺을지는 아무도 모릅니다. 믿음이란 모든 일들 속에서 하나님이 행하심을 믿는 것입니다. 사람의 안목으로는 믿음이 생길 수가 없습니다. 브엘세바 즉 맹세의 우물은 장차 이스라엘의 국경이 되고, 야곱(이스라엘)이 요셉을 만나러 애굽으로 내려갈 때 이 땅을 떠나면서 언약을 상기시키는 장소가 됩니다.

> 이스라엘이 모든 소유를 이끌고 떠나 브엘세바에 이르러 그의 아
> 버지 이삭의 하나님께 희생제사를 드리니 (창 46:1)

천하의 이삭이라도 주의해야 할 것

> 이삭이 나이가 많아 눈이 어두워 잘 보지 못하더니 맏아들 에서를
> 불러 이르되 내 아들아 하매 그가 이르되 내가 여기 있나이다 하니
> 이삭이 이르되 내가 이제 늙어 어느 날 죽을는지 알지 못하니 (창
> 27:1-2)

이때 이삭의 나이가 132세였을 것으로 추정합니다. 이삭이 나이가 많아 눈이 어두워졌다고 합니다. 실제로 시력이 안 좋아졌을 수도 있지만 영적인 분별력이 떨어졌다는 뜻이기도 합니다. 두 가지를 예로 들어 보겠습니다.

> 그때에 엘리의 나이가 구십팔 세라 그의 눈이 어두워서 보지 못하
> 더라 그 사람이 엘리에게 말하되 나는 진중에서 나온 자라 내가 오
> 늘 진중에서 도망하여 왔나이다 엘리가 이르되 내 아들아 일이 어

떻게 되었느냐 소식을 전하는 자가 대답하여 이르되 이스라엘이 블레셋 사람들 앞에서 도망하였고 백성 중에는 큰 살육이 있었고 당신의 두 아들 홉니와 비느하스도 죽임을 당하였고 하나님의 궤는 빼앗겼나이다 하나님의 궤를 말할 때에 엘리가 자기 의자에서 뒤로 넘어져 문 곁에서 목이 부러져 죽었으니 나이가 많고 비대한 까닭이라 그가 이스라엘의 사사가 된 지 사십 년이었더라(삼상 4:15-18)

제사장 엘리가 죽을 때의 일입니다. 눈이 어두워지고 비대해서 죽었다고 했는데, 이 또한 겉모습뿐 아니라 영적으로도 비대해지고 어두워졌음을 의미합니다. 자식들이 엘리의 말을 듣지 않고 하나님의 제사를 멸시하는 불량자들이 되었습니다. 한나가 기도할 때도 그는 눈이 어두워서 술 취한 것으로 잘못 봤습니다. 영적인 지도자가 눈이 어두워지자 법궤마저 빼앗기고 말았습니다.

또 다른 예는 야곱입니다. 내가 가장 본받고 싶은 인물이지요. 요셉이 아버지 야곱이 병들었다는 소식을 듣고 두 아들 므낫세와 에브라임을 데려와 축복기도를 청했습니다(창 47:31-48:2).

이스라엘의 눈이 나이로 말미암아 어두워서 보지 못하더라 요셉이 두 아들을 이끌어 아버지 앞으로 나아가니 이스라엘이 그들에게 입 맞추고 그들을 안고 요셉에게 이르되 내가 네 얼굴을 보리라고는 생각하지 못하였더니 하나님이 내게 네 자손까지도 보게 하

셨도다 요셉이 아버지의 무릎 사이에서 두 아들을 물러나게 하고
땅에 엎드려 절하고 오른손으로는 에브라임을 이스라엘의 왼손을
향하게 하고 왼손으로는 므낫세를 이스라엘의 오른손을 향하게
하여 이끌어 그에게 가까이 나아가매(창 48:10-13)

야곱이 눈이 어두워서 안 보이니까 요셉이 그의 오른손 쪽에 장자인
므낫세를 끌어다 놓고 왼손 쪽에는 에브라임을 끌어다 놓았더니 야곱
이 손을 엇바꾸어 얹었습니다. 그러자 요셉이 이렇게 말합니다.

그의 아버지에게 이르되 아버지여 그리 마옵소서 이는 장자이니
오른손을 그의 머리에 얹으소서 하였으나(창 48:18)

개역개정에서는 요셉의 급한 마음이 잘 드러나지 않습니다. 그러나
히브리어 원문에는 "안 돼. 그렇게, 아버지"라고 되어 있습니다. 요셉이
얼마나 급했으면 문장이 안 되게 말을 하고 있는 것입니다. 한 번 축복
은 영원히 변경될 수 없기에 그랬습니다.

그의 아버지가 허락하지 아니하며 이르되 나도 안다 내 아들아
나도 안다 그도 한 족속이 되며 그도 크게 되려니와 그의 아우가
그보다 큰 자가 되고 그의 자손이 여러 민족을 이루리라 하고(창
48:19)

야곱은 눈이 어두워 앞을 못 보았지만 영적 분별력은 살아 있었습니다. 하나님이 보여 주셔서 므낫세와 에브라임을 구별할 수 있었고 하나님의 축복이 어디로 흘러야 하는지를 알 수 있었습니다. 총명한 요셉이라도 말릴 수 없었습니다. 야곱은 평생 험악한 세월을 보냈지만 오히려 그것이 하나님만 바라보며 사는 시간이 되었습니다.

하나님과 오랜 시간을 함께한 자는 야곱처럼 영적 분별력이 있어야 합니다. 신앙인의 복은 돈을 많이 벌고 명예를 얻어서가 아니라 야곱처럼 하나님의 뜻을 이해하는 분별력에 있습니다. 결국 육적인 눈이 아니라 영적인 분별력이 실제 이유임을 말하고 있는 것입니다.

하지만 이삭은 나태해졌습니다. 창세기 27장의 이삭의 축복은 얼마나 그가 영적으로 나태해졌는가를 설명하고 있습니다. 축복의 주체가 하나님임에도 하나님의 뜻보다 자신의 마음이 앞서갔습니다.

이삭은 에서가 사냥한 고기를 좋아하므로 그를 사랑하고(창 25:28)

처음부터 이삭이 에서를 사랑한 이유가 지극히 세상적입니다. 축복을 하는 그 시간에도 하나님의 뜻에 관심을 두기보다 자신이 좋아하는 '별미'에 관심을 가졌습니다. 블레셋과의 분쟁이 끝나고 오랜 시간 편안함 속에 있다 보니 이삭은 영적으로 나태해졌습니다. 결국 나이 들어 눈이 어두워진 이삭은 영적 분별력마저 잃어버렸고 이것으로 말미암아 하나님의 축복을 가정의 불화로 만들어 버렸습니다. 창세기 27장의 사건은 리브가와 에서, 야곱의 문제보다 축복의 통로인 이삭의 영적 무지가 문제임을 말하고 있습니다.

> 그런즉 네 기구 곧 화살통과 활을 가지고 들에 가서 나를 위하여
> 사냥하여 내가 즐기는 별미를 만들어 내게로 가져와서 먹게 하여
> 내가 죽기 전에 내 마음껏 네게 축복하게 하라(창 27:3-4)

'나'라는 말이 다섯 번이나 나옵니다. '나를 위하여.' 이것이 가장 큰 문제입니다. 축복의 주체가 누구입니까? 하나님입니다. 축복은 하나님이 하라고 하신 자에게 하는 것이지 인간이 하는 게 아닙니다. 그런데 '나를 위하여'라니요. 이삭이 영적으로 얼마나 무지했는지 아시겠습니까? 자기가 축복하겠다는 것입니다. 스스로 축복의 주체가 되겠다는 것입니다.

이삭이 축복을 줄 수 있습니까? 아닙니다. 하나님이 주십니다. 목사가 축복을 줄 수 있습니까? 아닙니다. 하나님이 주십니다. 목사는 하나님의 말씀을 준비하고 전하는 자입니다. 계시된 진리의 말씀, 예언의 말씀을 밝히 드러내는 일을 하는 사람입니다.

이삭이 얼마나 어리석은 짓을 했는지 아시겠습니까? 축복을 하되 자기가 좋아하는 고기를 맛있게 먹고 나서 하겠다는 것입니다. 게다가 하나님의 선택은 에서가 아닌 야곱이라는 것을 이삭이 몰랐을까요? 아닙니다. 리브가가 이미 말해 주었을 것입니다. 하지만 그냥 흘려들었을 것입니다. 그리고 세상의 기준대로, 자기의 생각대로 장자인 에서를 축복하리라 마음먹었던 것입니다. 천하의 이삭이라도 영적으로 나태해

지니 분별력이 떨어지는 것을 피할 수 없었습니다.

마틴 로이드 존스(Martyn Lloyd Jones) 목사님은 목사의 가장 큰 죄는 '성적 타락'이나 '물질적 타락'이 아니라 '나태함'이라고 했습니다. 나태해지면 하나님을 멀리하고 영적 분별력도 사라집니다. 그러면 무엇을 해도 하나님의 뜻이 아니라 자신의 욕심과 정욕으로 하게 되어 있습니다. 천하장사가 없습니다. 그래서 '나태함'은 모든 타락의 주범입니다.

나는 요즘 사역자들을 훈련시킬 때 "교회를 위한 기도, 민족을 위한 기도, 선교를 위한 기도를 하고 기도했다고 하지 말라"고 말합니다. 사역자는 자신을 위한 기도를 매일 해야 합니다. 내가 하나님의 이름으로 욕심을 부리지는 않는지, 교회와 선교에 있어 명분에 치우쳐 분별력을 잃지는 않았는지, 하나님 앞에서 자신을 살펴야 합니다.

이삭과 에서, 리브가와 야곱

에서가 40세에 이방 민족인 헷 족속의 딸들을 아내로 맞아 이삭과 리브가의 마음에 근심을 끼쳤습니다. 그로부터 30년 이상이 흘렀습니다. 야곱이 장자의 축복을 받고 밧단아람으로 도망갈 때가 70세가 넘어서였습니다. 그때까지도 결혼을 안 한 상태였습니다.

야곱과 에서는 한 배에서 난 쌍둥이인데 판이하게 다른 성격을 가졌습니다.

그 아이들이 장성하매 에서는 익숙한 사냥꾼이었으므로 들사람이

되고 야곱은 조용한 사람이었으므로 장막에 거주하니 이삭은 에
서가 사냥한 고기를 좋아하므로 그를 사랑하고 리브가는 야곱을
사랑하였더라(창 25:27-28)

에서는 털이 많고 호방한 성격의 상남자 스타일입니다. 그러나 이방
민족의 딸들과 결혼한 것만으로도 장자의 축복을 받을 자격을 상실한
셈입니다. 결혼은 그 사람의 가치관을 담고 있습니다.

성경에서는 많은 것을 결혼 관계로 표현합니다. 창세기 6장에 "하나
님의 아들들이 사람의 딸들의 아름다움을 보고 자기들이 좋아하는 모
든 여자를 아내로 삼는지라 여호와께서 이르시되 나의 영이 영원히 사
람과 함께하지 아니하리니 이는 그들이 육신이 됨이라"(창 6:2-3)라고
했습니다. 믿는 자가 믿지 않는 이들과 결혼을 했더니 육체가 되었다고
합니다. 결혼은 평생 동행하는 관계를 맺는 것이기 때문입니다. 그래서
성경은 결혼 관계로 타락을 설명할 때가 많습니다. 영적인 면은 보지
않고 육적인 것만 본다면, 육신의 안목밖에 없다는 뜻입니다. 하나님을
모른다면 영적으로 죽은 상태나 다름없습니다. 얼굴이 예쁘고 몸매가
예쁘면 뭐 합니까. 예쁜 시체에 불과합니다.

에서의 마음속에는 세상 것이 가득했습니다. 그러니 이방 여자들과
결혼했고, 그것이 부모의 근심이 되었습니다. 자식인데도 영적 이질감
이 느껴지는 것입니다. 영적으로 다른데 어떻게 믿음의 3세대가 될 수
있겠습니까.

청년들이 흔히 묻는 질문이 "어떻게 하면 하나님을 닮아 갈까요?"

또는 "어떻게 하면 파워풀한 그리스도인이 될까요?"입니다. 그러면 나는 갈라디아서 5장 16절 말씀을 인용합니다.

> 내가 이르노니 너희는 성령을 따라 행하라 그리하면 육체의 욕심을 이루지 아니하리라 육체의 소욕은 성령을 거스르고 성령은 육체를 거스르나니 이 둘이 서로 대적함으로 너희가 원하는 것을 하지 못하게 하려 함이니라(갈 5:16-17)

성령을 좇으십시오. 주님을 따라가십시오. 단, 조건이 있습니다. 자기를 부인하고 따라야 합니다. 자기를 부인하지 않으면 따라갈 수가 없습니다. 두 마음으로는 아무것도 할 수 없습니다. 아내가 있고 애인이 있다면 어떻게 되겠습니까? 평생 동행할 관계는 아내이지요. 그래서 결혼으로 영적 관계를 표현하는 것입니다.

이삭이 에서를 좋아한 이유를 보십시오. 사냥한 고기를 좋아해서입니다. 이삭에게 탐식이 있었습니다. 죄입니다. 3세대의 축복을 이어 주는 중요한 순간에 별미 이야기가 나왔다는 것은 이삭이 탐심으로 둔해져 있음을 드러냅니다. 에서는 익숙한 사냥꾼, 들판을 뛰어다니는 남자였고, 야곱은 집에 있기를 즐기는 조용한 사람이었습니다.

그런데 리브가는 야곱을 사랑했습니다. 이것도 문제입니다. 부모의 사랑이 둘로 나뉘어 있습니다. 쌍둥이라도 서로 성격이 너무나 다릅니다. 게다가 우애보다는 경쟁이 치열한 관계인데 부모의 사랑까지도 나뉘어 있습니다. 이삭이 영적으로 어두워지자 가정도 온전하지 못하게 되었습니다.

> 야곱이 죽을 쑤었더니 에서가 들에서 돌아와서 심히 피곤하여 야
> 곱에게 이르되 내가 피곤하니 그 붉은 것을 내가 먹게 하라 한지라
> 그러므로 에서의 별명은 에돔이더라(창 25:29-30)

사냥에서 돌아온 에서는 너무나 허기져서 심히 피곤했습니다. 원어
로 보면, 에서가 얼마나 피곤하고 배가 고팠는지 "그 붉은 것을, 그 붉
은 것을"하고 두 번이나 반복해서 말합니다. 사냥하러 산과 광야를 뛰
어다녔지만 아무것도 못 잡은 채 정신적, 육체적인 피로가 극에 달하여
장막으로 돌아온 것입니다. 그런데 이 기회를 야곱은 결코 그냥 넘기지
않았습니다.

> 야곱이 이르되 형의 장자의 명분을 오늘 내게 팔라 에서가 이르되
> 내가 죽게 되었으니 이 장자의 명분이 내게 무엇이 유익하리요(창
> 25:31-32)

야곱은 에서가 사냥에서 실패하고 돌아왔을 때 얼마나 힘들고 지쳐
있을지 잘 알고 있었습니다. 평소에 많이 봐 왔던 것입니다. 장자의 명
분을 갖고 싶고 축복을 받고 싶어서 기회를 엿보고 있었던 것입니다.
그날 우연히 일어난 사건이 아니라 치밀한 계획하에 일어난 일입니다.
그동안 팥죽을 얼마나 많이 쑤었겠습니까?

때를 노리고 있는데, 에서가 드디어 걸려들었습니다. 에서는 배가 고파 죽게 생겼는데 장자의 명분이 무슨 유익이 있느냐며 쉽게 넘겨 버립니다. 그런데 넘긴다고 해서 진짜 넘겨집니까? 하루아침에 동생이 형이 되고, 형이 동생이 됩니까? 아버지가 인정하지 않는데 야곱이 무슨 수로 장자가 될 수 있겠습니까. 에서에게는 이런 마음이 있었던 것입니다. 야곱이라고 몰랐을까요?

> 이삭이 이르되 네 아우가 와서 속여 네 복을 빼앗았도다 에서가 이르되 그의 이름을 야곱이라 함이 합당하지 아니하니이까 그가 나를 속임이 이것이 두 번째니이다 전에는 나의 장자의 명분을 빼앗고 이제는 내 복을 빼앗았나이다 또 이르되 아버지께서 나를 위하여 빌 복을 남기지 아니하셨나이까 (창 27:35-36)

에서는 야곱이 에서로 위장하고 이삭의 축복을 가로챈 사실을 뒤늦게 알고는 우는소리를 합니다. 에서는 야곱이 두 번이나 속였다고 생각하지만 그것은 에서의 착각입니다. 장자의 명분은 하나님이 주신 것입니다. 하나님이 주신 것을 우습게 여긴 것은 그만큼 영적 분별력이 없기 때문입니다. 에서는 장자의 혈통을 주장하지만, 하나님은 혈통을 초월해서 선택하신다는 사실을 미처 몰랐습니다. 그는 여전히 장자이고 아버지 이삭의 총애를 받고 있으니 모든 기업을 물려받을 것으로 알았으나 정작 중요한 사실은 놓치고 있습니다. 하나님이 주신 명분이 필요하다는 사실입니다.

야곱의 행동은 치사했습니다. 그러나 그에게는 영적 열망이 있었습니다. 태어날 때부터 형 에서의 발뒤꿈치를 잡으며 먼저 나오려 발버둥 쳤지만 끝내 장자로 태어나지 못했습니다. 당시 고대 근동에서는 장자 승계 원칙이 지켜지고 있었습니다. 장자가 두 배를 가지는 것입니다. 더 억울한 것은 오직 장자 한 사람만이 약속의 땅을 차지하게 될 것입니다.

야곱은 약속의 땅에서 하나님의 복을 받고 싶었습니다. 아브라함으로부터 이어지는 복을 놓치고 싶지 않았습니다. 팥죽을 미끼로 장자권을 사고 싶을 만큼 갈망했습니다.

그에 비해 에서는 여러 모로 넉넉하고 여유가 있었습니다. 나중에 야곱이 돌아왔을 때도 에서는 400명의 군대를 움직일 만큼 세력도 있었고 부유했습니다. 그는 그걸로 만족했습니다. 그는 장자의 명분이 무엇인지도 몰랐습니다. 당장 배가 고파 죽게 생겼는데 장자의 명분이 무슨 소용이냐고 했던 그입니다. 자기가 힘 있고 능력 있으니 그걸로 됐다고 생각했습니다. 세상에서 돈 잘 벌고 잘살면 그걸로 됐다는 인생은 영적으로 무지한 것입니다.

상황이 어떠하든 그리스도인이 죽어도 지켜야 하는 것이 있습니다. 명분입니다. 그리스도인이라는 명분은 생명을 걸고 지켜야 하는 것입니다. 에서는 하나님이 선택하신 자는 버리지 않으신다는 믿음이 없었습니다.

누가복음 10장에 보면 예수님이 70인의 제자들을 파송하십니다. 제자들이 돌아와서 주의 이름으로 귀신들이 항복하는 것이 기뻐서 예수님께 자랑합니다. 그러자 예수님은 제자들에게 진정한 기쁨에 대해서 가르쳐 주십니다.

> 귀신들이 너희에게 항복하는 것으로 기뻐하지 말고 너희 이름이
> 하늘에 기록된 것으로 기뻐하라(눅 10:20)

우리가 진정으로 기뻐할 것은 능력이 아니라 주님의 자녀가 되었다는 신분에 있습니다. 신앙생활은 신분으로 하는 것입니다. 신분에 맞는 권세가 있습니다. 하나님의 자녀가 되었기에 하나님이 역사하시는 것입니다.

장자의 명분은 굉장히 중요합니다. 단순히 세상의 기업을 많이 물려받아서 중요한 게 아니라 아브라함과 이삭으로 이어 오는 믿음의 기업을 물려받는 특권이 있어서 중요합니다. 그러나 에서는 이것의 중요성을 알지 못했기에 갈망하지도 지키지도 않았습니다.

선택받은 사람은 하나님의 은혜에 대한 갈망이 있습니다. 믿음이 깊어지면 하나님에 대한 두려움이 생깁니다. 내 인생이 하나님 앞에서 바로 서지 못할까 봐 두려워하는 마음입니다. 이것이 신앙입니다. 야곱은 하나님을 두려워하는 마음은 없었을지 몰라도 적어도 하나님에게서 뭔가를 얻으려는 영적 갈망은 있었습니다.

하나님을 붙잡고 하나님을 두려워하는 사람이 복 받은 사람입니다. 에서는 장자로 태어났지만 아브라함과 이삭의 믿음을 이어 갈 열망이 없었습니다. 이삭이 영적인 분별력이 있었다면 에서의 삶을 보고 알았

어야 했습니다. 팥죽에 장자의 명분을 넘긴 이 사건만 보더라도 에서가 얼마나 현실에만 치중해서 살아왔는지 알 수 있습니다. 이삭이 에서를 사랑한 까닭은 사냥한 고기 때문입니다. 요즘으로 치면 돈 때문입니다. 세상적으로 잘나가는 아들을 사랑한 것입니다. 이것이 바로 이삭의 영적 상태였습니다.

이삭의 어두워진 영적 분별력이 가족 간에 이삭과 에서, 리브가와 야곱으로 갈라지게 했습니다. 그리고 무엇보다 하나님의 뜻과는 상관없이 자신이 축복의 주체가 되어 에서를 축복하려고 했습니다. 하나님의 뜻에는 관심이 없는 것입니다. 야곱이 에서처럼 꾸며 축복을 받고자 했을 때 이삭은 몇 번이나 의심하며 에서가 맞느냐고 되묻습니다. 자칫 축복이 야곱에게 갈까 봐 전전긍긍하는 모습입니다. 하나님이 이 광경을 보면서 얼마나 한심하게 느끼셨을까요.

오늘날 우리는 이것이 믿음의 가정에서 벌어졌다는 사실 때문에 당혹스럽습니다. 하나님 안에서 깨어 있지 않으면 하나님의 이름으로 이런 기가 막힌 일을 할 수 있다는 것을 알아야 합니다.

Chapter 2

하나님이 쓰려고 하면
쓰신다

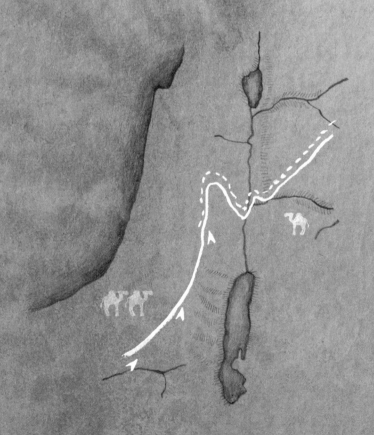

아무도 제대로 알지 못했다!

이삭이 이르되 내가 이제 늙어 어느 날 죽을는지 알지 못하니(창
27:2)

왜 이런 말을 했을까요? 이삭의 이복 형 이스마엘은 137세에 죽었
습니다(창 25:17). 지금 이삭의 나이는 132세쯤 되었습니다. 더구나 눈
이 어두워 앞도 안 보이고 몸도 안 좋습니다. 이삭은 이제 자신도 죽을
때가 되었다고 생각한 것입니다. 그런데 실제로는 몇 살에 죽었는지 아
십니까? 180세까지 살았습니다.

야곱이 기럇아르바의 마므레로 가서 그의 아버지 이삭에게 이르

렀으니 기럇아르바는 곧 아브라함과 이삭이 거류하던 헤브론이더라 이삭의 나이가 백팔십 세라(창 35:27-28)

이삭은 앞으로도 약 50년을 더 살 것입니다. 그런데 이삭과 리브가, 에서와 야곱도 이삭이 곧 죽을 것이라 생각했습니다. 이 엄청난 오해와 착각이 이 가정의 비극을 초래했습니다.

그나마 영적으로 깨어 있던 리브가는 하나님의 축복이 야곱이 아닌 에서에게 주어질까 봐 걱정되었습니다. 하나님의 약속이 잘못될까 봐 두려움이 생기자 마음이 급해졌습니다. 남편 이삭의 일거수일투족을 감시하고 있다가 에서에게 축복기도를 하기 전에 야곱을 위장시켜 대신 들여보냈습니다. 리브가는 하나님이 약속을 이루시는 분임을 알지 못했고 자기 힘으로 그 축복을 가져오려 했습니다.

어려서부터 하나님의 선택하심에 대해 듣고 자랐을 야곱도 하나님에 대해 아는 것이 없었습니다. 그랬기에 마치 연습이라도 한 것처럼 리브가의 말에 따라 얼른 에서로 위장해 아버지를 속였습니다.

하나님의 선택을 모르지 않았을 이삭 역시 막상 축복기도할 때가 이르자 하나님은 안중에도 없었습니다. 이삭은 자기가 원하는 아들에게 축복을 서둘러 넘겨주려 했고, 에서는 당연히 자기 몫으로 여기고 경홀히 여겼으므로 리브가와 야곱이 민첩하게 행동하는 것을 전혀 눈치 채지 못했습니다.

사람이 하나님의 선택을 바꿀 수 있습니까? 아이들이 뱃속에 있을 때부터 큰 자가 어린 자를 섬긴다고 말씀하셨건만, 네 사람 모두 자기 힘과 꾀로 선택을 좌지우지하려고 했습니다. 이삭이 오늘 죽을지 내일 죽을지 어떻게 압니까? 생명이 우리에게 있습니까? 곧 죽을 것 같다던 이삭이 50년을 더 살았습니다. 아브라함보다 더 오래 살았습니다.

이삭의 가족 중 어느 누구도 하나님을 제대로 아는 사람이 없었습니다. 하나님의 약속을 받았지만 그것을 이루시는 하나님인 줄은 몰랐습니다. 각자가 자기 소견대로 행함으로써 결국 하나님의 계획을 뒤흔들고 스스로 곤란에 빠지고 말았습니다.

믿음 없음으로 말미암아 벌어진 소동은 이제 끝을 향해 달립니다. 리브가의 성급한 개입으로 야곱과 에서 형제의 의는 돌이킬 수 없을 정도로 상했고, 형 에서는 살기를 품었으며, 동생 야곱은 졸지에 도망자 신세가 되었습니다.

> 그의 아버지가 야곱에게 축복한 그 축복으로 말미암아 에서가 야곱을 미워하여 심중에 이르기를 아버지를 곡할 때가 가까웠은즉 내가 내 아우 야곱을 죽이리라 하였더니 맏아들 에서의 이 말이 리브가에게 들리매 이에 사람을 보내어 작은아들 야곱을 불러 그에게 이르되 네 형 에서가 너를 죽여 그 한을 풀려 하니 내 아들아 내 말을 따라 일어나 하란으로 가서 내 오라버니 라반에게로 피신하여 (창 27:41-43)

야곱은 이삭이 아니라 하나님에게서 복을 받고 싶었습니다. 어떻게든 하나님의 축복을 받고 싶은 그 간절한 마음은 경건입니다. 그런 갈망조차 없는 에서에 비하면 야곱은 경건했습니다. 야곱은 약속의 땅에서 받고 싶은 축복이 있었습니다. 그러나 야곱은 간절함만 있었지 하나님에 대해서는 무지했습니다.

늦잠을 자서 예배 시간에 늦을 것 같자 축도 시간에 맞추어 오는 성도들이 있습니다. 사람들이 "예배 다 끝났는데 왜 왔어?" 하고 물으면 "축도라도 받으려고 왔지" 하고 해맑게 대답합니다. 말씀은 못 들어도 축도는 받고 싶은 게 우리의 마음입니다. 하나님이 주시는 복을 받고 싶으면 온전한 예배를 드리는 게 마땅합니다.

나는 청년 시절에 가장 듣고 싶었던 말이 '너 하나님의 사람아!'였습니다. 나는 불교 집안에서 나고 자라서 말씀에 대한 지식이 부족했습니다. 한마디로 무식했습니다. 이왕에 주님을 믿기로 했으니 제대로 알자 싶어서 성경을 읽기 시작했습니다. 그런데 이스라엘 백성이 누군가를 찾아가더니 "너 하나님의 사람아!"라고 부르는 장면이 나왔습니다. 엘리야를 두고 한 말입니다. 나는 이 대목에서 큰 충격을 받았습니다. 이스라엘 백성은 모두 선택받은 사람들인데, 그중에서도 '너 하나님의 사람'이라고 불리는 사람이 있는 것입니다.

그때 나는 이왕이면 '하나님의 사람'이란 소리를 듣는 그리스도인이 되어야겠다고 생각했습니다. 그리고 그것이 나의 소망이 되었습니다. 이후 믿음의 출발이 뒤처진 만큼 더 공부하고 더 예배드리고 더 정성을 드렸습니다. 하나님이 나를 더 주목해 주기를 바라는 마음에서 그랬습니다.

나는 선택받지 못한 자의 갈망을 잘 압니다. 내가 바로 집안에서 선택받지 못한 사람이었기 때문입니다. 나의 형과 동생은 천재 소리를 들으며 자랐습니다. 그에 비하면 나는 키도 작고 공부도 못하고 장독이나 깨뜨리고 다니는 놈이었습니다.

그런 내가 하나님께 선택받았다는 사실을 깨달았을 때 환호성을 질렀습니다. 하나님이 나를 선택하셨다는 사실에, 만왕의 왕이 나를 선택하셨다는 사실에 감격했습니다. 나는 그래서 야곱의 갈망이 어떤 것인지 잘 압니다.

그 절실함 때문에 리브가와 야곱은 운명을 걸었고, 이삭은 실망했으며, 에서는 분노했습니다. 이삭을 사랑했던 에서는 최소한 아버지가 살아 있는 동안에는 동생 야곱을 살려 두기로 하고 마음을 접습니다만 아버지 이삭의 장례를 치르는 날이 곧 야곱의 제삿날이 될 것이라고 별렀습니다. 리브가는 다급한 마음에 야곱을 친정집으로 피신시켰습니다.

> 네 형의 노가 풀리기까지 몇 날 동안 그와 함께 거주하라 네 형의
> 분노가 풀려 네가 자기에게 행한 것을 잊어버리거든 내가 곧 사람
> 을 보내어 너를 거기서 불러오리라 어찌 하루에 너희 둘을 잃으랴
>
> (창 27:44-45)

몇 날이라고 말했지만 결국 이것이 마지막 만남이 되고 말았습니다. 리브가와 야곱은 다시 만나지 못한 채 이별하고 말았습니다.

과연 야곱이 에서의 축복을 빼앗았는가

흔히 야곱이 형 에서의 축복을 빼앗았다고 말합니다. 정말 그렇습니까? 아닙니다. 야곱의 축복은 이미 태중에서부터 약속된 것이었습니다. 장자의 축복은 처음부터 야곱의 것이었습니다. 그런데 자기 것을 정말 이상하게 받은 것입니다. 자기 통장에 있는 돈을 인출하면 될 것을 복면을 하고 들어가 은행을 털어 찾은 셈입니다. 자기 돈을 찾으면서 그 방법밖에는 없다고 생각한 것입니다. 그 대가로 야곱은 많은 세월을 쫓기며 살아야 했습니다.

어머니의 뱃속에서부터 하나님의 선택을 받은 야곱의 인생이 어떻게 이럴 수가 있습니까? 오히려 약속의 땅에서 쫓겨나 밧단아람으로 도망가는 신세가 되다니요. 왜 그렇습니까?

야곱은 축복의 선택은 받았지만 그 축복을 담을 만한 실력은 없었기 때문입니다. 그래서 그에겐 훈련이 필요했습니다. 축복에 걸맞은 사람이 되기 위한 훈련입니다.

야곱이 자기가 받을 축복을 도적질하듯 빼앗는 이 이야기는 사람이 믿음이 없으면 얼마나 어리석은 짓을 할 수 있는지를 보여 줍니다. 하나님이 결정하셨으면 하나님의 때에 야곱에게 축복하실 것입니다. 하나님을 아는 믿음이 없기 때문에 인간적인 방법이 동원되는 것입니다. 믿음이 없으니까 못 버티고, 못 기다리는 것입니다. 결국 믿음의 문제입니다.

아직 야곱은 하나님의 축복을 담을 만한 그릇이 못 되었습니다. 자기가 받을 약속된 축복을 이렇게 복잡하게 받는 사람이 어디에 있습니까? 믿음의 실력이 안 되니까 인간적인 방법을 동원했지만, 하나님은 그렇게 역사하시는 분이 아닙니다.

야곱은 자신이 기가 막히게 속여서 축복을 받았다고 생각했겠지만, 하나님은 원래 야곱의 것이기에 그 축복을 받을 만한 그릇으로 만들어 가기로 작정하셨습니다. 가능성이 없어 보이는 야곱을 축복받을 만한 사람으로 만들어 가기 위해 훈련에 돌입한 것입니다.

하나님이 선택하신 자는 반드시 축복하십니다. 교만하라는 얘기가 아니라 인생에서 벌어지는 일들에 떨지 말라는 얘기입니다. 하나님이 함께하시는 인생에는 축복과 은혜만 있다는 사실을 믿으시기 바랍니다.

나는 예수님을 믿기 전에는 무척 부정적인 사람이었습니다. 신문기자인 아버지의 영향으로 비판의식이 남달랐습니다. 그러나 예수 믿고 난 뒤 완전히 달라져서 초긍정의 사람이 되었습니다. 아무리 어려운 일이 있어도 내 인생은 잘된다는 믿음이 있습니다. 지금 왜 이런 일들이 일어나는지 알지 못하지만, 주님이 동행하기만 한다면 이 일을 통해 주님이 드러나실 것이라 믿기 때문에, 잘 감당할 수 있습니다.

사람들은 내 간증을 들으면 기적만 기억합니다. 고3 학생들은 10년을 놀다가 하나님의 은혜로 넉 달 공부하고 대학에 갔다는 이야기만 기억합니다. 그러나 포인트는 내 삶을 일으키시는 하나님의 손길을 보는 것입니다.

사람이 일을 아무리 망치고 어지럽혀도 하나님의 계획에는 전혀 영향을 미치지 못합니다. 하나님의 선택과 축복은 여전히 유효합니다. 신실하신 하나님은 약속을 틀림없이 성취하십니다.

야곱은 축복을 빼앗은 자가 아닙니다. 마땅히 받아야 할 축복을 받았을 뿐입니다. 이삭의 영적인 아둔함 때문에 벌어졌고, 리브가가 믿음이 없어서 일을 복잡하게 만들었으며, 야곱이 믿음으로 기다리지 않았기 때문에 벌어진 사건입니다. 에서는 열망도 없으면서 야곱의 것을 자기 것으로 착각해서 평생 화를 내며 살았습니다. 웃지 못할 슬픈 코미디가 아닐 수 없습니다.

다듬어지고 자라가야…

2세대 이삭이 믿음을 후손들에게 이어 주는 사명을 가졌다면, 3세대 야곱은 선택을 완전케 하는 사명을 부여받았습니다. 즉 아무 조건 없이 선택받은 야곱이 선택에 합당한 인물로 빚어지는 사명을 받은 것입니다. 그것이 바로 성화입니다. 그래서 야곱은 성화의 인물입니다.

머리로는 하나님의 선택하심을 알겠는데, 현실에선 그 선택을 놓칠까 봐 전전긍긍하며 팥죽을 쑤는 것이 야곱입니다. 하나님의 축복을 그렇게 갈망했으면서 막상 축복을 받고 나자 에서가 무서워 밧단아람으로 도망가는 것이 야곱의 실력이었습니다. 그렇게 원하던 하나님의 축복을 받았다면서 하나님이 축복한 자를 죽도록 방치할 것이라 생각했단 말입니까? 야곱은 축복은 받았지만 하나님의 축복에 대해서 무지했습니다. 이제 야곱을 축복하신 하나님께서 야곱을 만드실 것입니다.

그런데 여기서 우리가 한 가지 생각해야 할 것이 있습니다. 왜 하필이면 야곱이 훈련받을 장소가 밧단아람인가입니다. 먼저 분명히 할 것은, 이 장소는 하나님이 선택한 곳이 아니라 야곱이 선택한 곳입니다. 야곱은 에서가 자신을 죽이려고 하자 생명을 보전하려고 밧단아람으로 피신했습니다.

야곱이 밧단아람에서 20년을 살고 돌아올 때까지 이삭이 살아 있었음을 볼 때 인간의 안목이란 게 얼마나 보잘것없는지를 깨닫게 됩니다.

야곱이 생명은 하나님께 있다고 믿고 버텼다면 에서는 기다림에 지쳐서 포기했을지도 모릅니다. 에서는 깊이 있게 생각하는 사람이 아닙니다. 배고파서 팥죽에 장자의 명분을 넘긴 사람입니다.

야곱과 리브가가 잘못 판단해서 야곱이 밧단아람으로 도망갔으나 야곱은 거기서 혹독한 연단의 세월을 보내야 했습니다. 하나님의 훈련 장소는 어디든 상관없습니다. 야곱이 밧단아람을 선택한 순간 거기가 바로 훈련 장소요 성화의 장소가 된 것입니다.

안다고 잘살 수 있는 게 아닙니다. 하나님 앞에서 다듬어지고 자라가야 제대로 살 수 있습니다. 하나님이 선택하셨지만 완성된 존재로서 선택하신 게 아니기 때문에 하나님이 그 선택을 완성시켜 가십니다. 바로 이것이 성화입니다.

나는 그래서 야곱이 좋습니다. 애굽의 총리가 된 적도 없고, 어떤 믿음의 각오를 보인 적도 없지만, 그는 평생 동안 다듬어져 마침내 모든 자에게 축복의 통로가 되었습니다. 뿐만 아니라 하나님이 그에게 주신 이름인 이스라엘은 한 민족의 이름이 되었습니다. 모든 연단과 고난을 받아서 누구라도 축복할 수 있는 마음과 그릇이 된 것입니다.

나의 믿음이 한꺼번에 자란 때가 개척 초기입니다. 개척을 시작하기 전에는 사역지가 없어서 후원금으로 생활했습니다. 고작 20여 만 원으로 생활했으나 까마귀가 물어다 주는 것처럼 등록금도 해결했고 생활비도 해결했습니다. 하나님이 늘 부족함 없이 채워 주셨습니다.

그러나 너무 놀고먹는 것 같아서 기도하는 중에 하나님께서 마음을 주셔서 개척을 시작했습니다. 개척 당시는 매일매일이 간증입니다. 그때 배짱이 생겼습니다.

'목회는 하나님을 보는 것이다. 사람을 보지 않는다.'

개척 때부터 지금까지 교회에서 일하시는 하나님의 크심을 보았고 그것이 내가 목회를 담대하게 하도록 이끌었습니다. 하나님은 나의 한계와 능력을 넘어서서 일하십니다. 나의 실수와 실패를 통해서도 일하십니다. 지금 당장 급하다고 인간적인 방법으로 하지 마시기 바랍니다. 하나님의 자녀들은 모든 생명과 주권이 하나님께 있다는 믿음으로 담대하게 살아야 합니다.

Part 2

세상이라는
훈련장에
들어서다

Chapter 3

뜻대로
풀리지 않는 인생

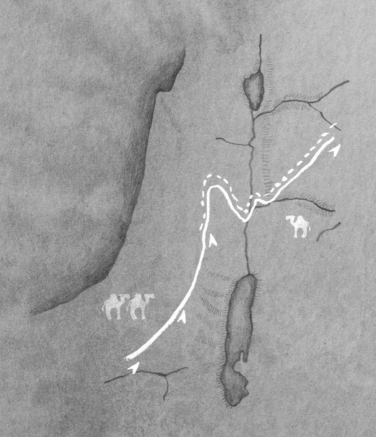

네 인생의 주인이 누구냐

　야곱은 에서를 피해 800킬로미터나 떨어진 밧단아람으로 급하게 도
망갑니다. 보통 고대 근동에서는 해가 뜨겁기 때문에 한낮에는 쉬고 아
침과 해가 진 후에 조금 더 이동합니다. 야곱은 한낮이라고 쉴 형편이
못 되었기 때문에 아마도 정신적, 육체적으로 몹시 피곤했을 겁니다.
벧엘에 이르러서야 돌베개를 베고 자던 야곱은 이때 놀라운 체험을 하
게 됩니다.

　　꿈에 본즉 사닥다리가 땅 위에 서 있는데 그 꼭대기가 하늘에 닿았
　　고 또 본즉 하나님의 사자들이 그 위에서 오르락내리락 하고 또 본
　　즉 여호와께서 그 위에 서서 이르시되 나는 여호와니 너의 조부 아
　　브라함의 하나님이요 이삭의 하나님이라 네가 누워 있는 땅을 내

가 너와 네 자손에게 주리니(창 28:12-13)

야곱은 벧엘에서 돌베개를 베고 자는 동안 놀라운 영적 체험을 합니다. 고대 근동에서 신이란 지역 신의 개념이었습니다. 즉 한국의 신은 한국에서 역사하고 중국의 신은 중국에서 역사한다고 믿었던 것입니다. 야곱은 지금 너무나 지치고 힘든 상황입니다. 하나님의 축복을 받고자 인생의 반 이상을 애썼고 드디어 축복을 받았는데 바로 그 땅에서 쫓겨나고 말았습니다. 오히려 에서가 그 축복의 땅에서 살고 있으니 야곱이 얼마나 낙심되었겠습니까.

그런 야곱에게 하나님이 나타나셔서 아브라함과 이삭의 하나님이 곧 야곱의 하나님이라고 약속해 주셨습니다. 창세기 28장 12-13절에서 '본즉'이란 단어가 세 번이나 나옵니다. 히브리어로 '본즉'이란 '그런데 보라'란 감탄사입니다. 하나님이 하신 일이나 성경이 강조해서 놀라움을 효과적으로 드러내고 싶을 때 사용하는 감탄사입니다. 밧단아람으로 도망가는 야곱에게 하나님이 보여 주신 것을 감탄하면서 보라는 이야기입니다.

창세기 28장 6절과 8절에도 '본즉'이란 단어가 나옵니다. 이삭이 야곱에게 축복한 뒤 밧단아람으로 가서 아내를 맞이하라고 하자 에서가 그 말을 듣고 자신의 아내를 본즉 아내들이 이삭을 기쁘게 하지 못하는 것을 보았다고 할 때 사용되었습니다. 여기서 '본즉'은 '그런데 보라'라는 감탄사가 아니라 인간적인 눈으로 '면밀히 관찰하다'라는 의미입니다. 에서는 여전히 인간적인 눈밖에 없음을 나타냅니다. 그래서 에서는 이삭을 기쁘게 하기 위해 이삭의 배다른 형인 이스마엘의 딸을 아내로 얻습니다.

그러나 야곱의 '본즉'은 에서의 '본즉'과 다릅니다. 비록 밧단아람으로 도망가지만 하나님이 아브라함과 이삭을 지키신 것처럼 야곱을 끝까지 지켜서 다시 축복의 땅으로 인도해 오시겠다는 하나님의 약속을 보여 주신 겁니다.

> 야곱이 잠이 깨어 이르되 여호와께서 과연 여기 계시거늘 내가 알
>
> 지 못하였도다(창 28:16)

아브라함처럼 야곱 역시 시간과 장소와 방법은 다르지만 크신 하나님을 깊이 체험하게 되었습니다. 이것이 앞으로 야곱의 힘이 될 것이고 이제부터 야곱은 더 깊이 하나님을 알아 가는 인생을 살게 될 것입니다. 우리는 입술로는 하나님이 나의 주인이라고 말하지만 실제 삶에서는 하나님보다 세상의 힘과 자랑으로 살아가고 있지 않습니까? 물질과 세상의 명예를 얻는다 할지라도 하나님을 잃으면 모든 것을 잃은 것입니다. 에서는 여전히 이삭과 함께 가나안 땅에 있고 야곱은 밧단아람으로 도망가는 것이 야곱이 처한 현실입니다. 그러나 하나님은 벧엘에서 야곱을 만나시고 야곱을 축복하셨습니다. 그럼에도 야곱은 여전히 가나안 땅이 아니라 밧단아람으로 가야 합니다.

하나님은 하나님의 사람을 하나님이 선택한 사람답게 만들어 가십니다. 우리는 그 과정을 거쳐야 합니다. 문제는 그 과정에서 하나님이

함께하느냐가 중요합니다. 교회에서 말씀을 준비하고 있는데 한 성도가 상담을 요청해서 만났습니다.

"목사님, 열심히 기도하고 착하게 산 것 같은데 일이 잘 안 풀리고 너무 힘듭니다. 하나님의 뜻이 어디 있을까요?"

하나님의 뜻은 우리의 짧은 안목으로는 알 수가 없습니다. 그러나 그 길을 가다 보면 하나님이 알려 주십니다. 우리가 하나님의 뜻을 알기에 가는 것이 아니라 하나님이 살아 계시고 우리 인생의 주인임을 알기에 가는 것입니다. 야곱이 훌륭해서 이끌어 가시는 게 아니라 하나님이 선택했기에 함께하시는 것입니다.

그런데 하나님은 세상의 자랑을 먼저 주시는 것이 아니라 하나님이 인생의 주인되심을 먼저 알게 하십니다. 착하게 살아서 복 받고 나쁘게 살아서 힘든 것이 아닙니다. 우리가 살아가는 인생길 자체가 힘든 것이고 하나님은 거기서 우리의 힘이 세상이 아니라 하나님이라는 것을 알게 하십니다. 인생의 진정한 복은 세상적 축복 이전에 하나님을 깊이 알아 가는 것임을 잊어서는 안 됩니다. 이것이 야곱의 인생이자 우리의 인생입니다.

야곱이 서원하여 이르되 하나님이 나와 함께 계셔서 내가 가는 이 길에서 나를 지키시고 먹을 떡과 입을 옷을 주시어 내가 평안히 아버지 집으로 돌아가게 하시오면 여호와께서 나의 하나님이 되실 것이요 내가 기둥으로 세운 이 돌이 하나님의 집이 될 것이요 하나님께서 내게 주신 모든 것에서 십분의 일을 내가 반드시 하나님께

드리겠나이다 하였더라(창 28:20-22)

하나님을 깊이 체험한 야곱은 바로 그 자리에서 세 가지 서원을 합니다. 첫째, 하나님이 나의 하나님이 될 것이며, 둘째 이 돌이 하나님의 집이 될 것이며, 셋째 하나님께 십일조를 드리겠다는 것입니다. 나와 함께하시고, 내게 먹을 것과 입을 것을 주셔서 나를 지키시며, 평안하게 아버지 집으로 돌아오게 하시면 이 약속을 지키겠다고 합니다. 그런데 "돌아가게 하시오면"이라고 하니 조건절처럼 보이지만 사실은 '돌아오게 하시리니'입니다. 하나님이 하실 것이라는 소망을 입으로 고백하는 것입니다.

내가 너와 함께 있어 네가 어디로 가든지 너를 지키며 너를 이끌어

이 땅으로 돌아오게 할지라 내가 네게 허락한 것을 다 이루기까지

너를 떠나지 아니하리라 하신지라(창 28:15)

앞서 하나님은 야곱에게 평안하게 돌아오게 하겠다고 말씀하셨습니다. 그러니 야곱의 서원은 하나님이 말씀하신 것이 그대로 이루어지리라는 내용입니다. 야곱이 하나님과 거래하듯이 '이렇게 서원하니 나를 지켜 주십시오'라고 한 것이 아닙니다. 하나님의 말씀을 그대로 믿고 인정하여 하나님이 나의 하나님이 될 것이라는 당연한 내용을 고백한 것입니다. 우리는 서원을 내가 하나님께 희생과 정성을 드리면 하나님이 그것을 받아서 나에게 뭔가를 주는 거래쯤으로 여기는 경우가 많습

니다. 그러나 이것은 이방인적인 생각입니다.

믿음이 없으면 조건을 답니다. 대학에 합격한다면, 결혼을 한다면, 사업이 잘된다면, 이렇게 조건을 달아 서원하는 것은 믿음이 없기 때문입니다. 또한 이것은 세상적인 방법입니다. 야곱이 처음으로 하나님을 만나고 하나님임을 안 뒤에 서원을 했습니다. 이 서원은 진짜 나의 하나님으로 고백한 것입니다.

야곱의 서원에는 세 가지 조건이 있습니다. 첫째, 야곱이 무사히 돌아오면 하나님이 나의 하나님이 되는 것입니다. 다시 말해 하나님이 이일을 이루었다는 것입니다. 둘째, 내가 기둥으로 세운 이 돌이 하나님의 집이 되는 것입니다. 나의 집이 아니라 하나님이 하셨다는 것을 인정하겠다는 것입니다. 셋째, 십일조도 같은 표현입니다.

십일조는 10의 1을 드린다는 게 아닙니다. 우리는 우리가 드린다고 생각하는데, 십일조는 10의 10의 대표성입니다. 하나님이 땀을 흘리라고 재능을 주고 능력을 주고 여건을 주셨지 않습니까. 그것으로 결실을 맺지 않았습니까? 십일조를 하는 것은 내 능력으로 내가 번 것이 아니라 하나님이 나에게 주신 능력으로 하나님이 결실하셨음을 나타내는 것입니다. 다시 말하면 내가 10의 9를 받아 가는 것이지 드리는 게 아닙니다. 시간의 십일조도 있습니다. 그것이 주일 성수입니다. 6일은 자신을 위해 열심히 살지만 7일째는 하나님의 날임을 인정하는 것입니다.

지금까지 야곱은 팥죽을 팔아 축복을 가로챘고 아버지를 속여 축복을 얻었습니다. 그런데 벧엘로 다시 돌아오는 일은 야곱의 속임수나 꾀로써가 아니라 하나님의 일하심으로 그렇게 될 것입니다. 하나님의 약속이 성취될 것입니다. 야곱은 그 신앙을 지금 고백하고 있는 것입니다. 이것이 야곱이 돌베개를 베고서 배운 것입니다.

신앙은 하나님의 약속을 근거로, 약속을 붙잡고, 약속대로 사는 싸움을 하는 것입니다. 그래야 하나님 나라가 이루어집니다. 그렇지 않다면 인생은 자기 재능과 능력으로 자기 잘난 맛에 사는 일이며, 그런 삶은 하나님 나라와 상관없습니다. 자기가 잘나서 이룬 것을 믿음이라고 하지 않습니다.

나는 이번에 창세기를 연구하면서 그동안 수없이 읽은 창세기 1장 1절이 새롭게 해석되었습니다. 또 신앙이 한 뼘 자란 것 같습니다.

"하나님이 시간을 만드시고 공간을 만드셨구나. 피조물들은 먹어야 사는구나. 생존을 위한 자생 능력이 없구나. 피조물은 하나님이 준 시간대에 하나님이 준 공간에 살지만 하나님의 도움 없이는 살아가지 못하는구나. 하나님은 스스로 존재하고 시간을 초월하고 공간을 초월하여 계시는구나."

피조 세계와 하나님 나라가 처음부터 선을 긋고 시작한 것이 보였습니다. 내게 주어진 시간대, 내가 머무는 공간이 바로 하나님이 주신 사명지입니다. 내가 선택하는 것이 아니라 하나님이 그 시간대에 그 공간에 보내 주신 것입니다. 우리가 오늘 여기에 있는 이유가 있습니다. 그것을 알아 가는 게 사명입니다.

나는 그동안 나라와 민족을 위해 기도하면서도 늘 마음이 눌렸습니다. 왜냐면 독도는 일본 땅이 될 것 같고, 북한은 중국 땅이 될 것 같고, 한국 교회는 소망이 없어 보이고, 우리 아이들은 출구 없는 절망의 시대를 살아가는 것처럼 보였기 때문입니다. 그래서 기도하면 저절로 하박국의 기도가 나왔습니다.

"하나님, 왜 우리의 기도에 응답하지 않으십니까? 왜 악인이 잘됩니까? 어찌 이런 일이 있습니까?"

그러다 마지막에는 "비록 무화과나무가 무성하지 못하며 포도나무에 열매가 없으며 감람나무에 소출이 없으며 밭에 먹을 것이 없으며 우리에 양이 없으며 외양간에 소가 없을지라도" 하고 고백하며 고개를 떨구곤 했습니다.

회사가 부도나고 집이 경매에 부쳐지는데 감사할 수 있습니까? 괴로워 죽겠는데 기뻐할 수 있습니까? 포도나무에 열매가 있고 외양간에 송아지가 있어야 하지 않습니까? 그래야 감사할 수 있고 기뻐할 수 있는 것 아닙니까? 그런데 하박국은 그럼에도 "여호와로 말미암아 즐거워하며 나의 구원의 하나님으로 말미암아 기뻐하리로다"라고 노래하고 있습니다. 어떻게 이것이 가능합니까?

다시 창세기 1장 1절로 돌아갑니다. 나는 하나님이 준 공간과 시간을 살아가는 죄인에 불과합니다. 내가 사사기를 살고 있다면 소망이 없을 것입니다. 하박국 시대를 살고 있대도 소망이 없을 겁니다. 예레미야 시대를 살아도 눈물밖에 없을 겁니다. 내 시간과 공간은 소망이 없습니다.

그런데 하나님은 시간과 공간을 초월하십니다. 나는 눈물로 살지 모르지만 하나님은 꺾이지 않으십니다. 그의 나라는 망하지 않습니다. 끝까지 이기는 싸움을 하십니다. 부르짖지 않아도 구원자를 보내시고, 구원자가 타락해도 한 여인의 기도를 통해 아니면 저주받은 여인을 통해서라도 예수 그리스도까지 이어 가십니다. 내가 나를 사랑하는 것보다 나를 더 사랑하시고 내가 이 교회를 사랑하는 것보다 하나님이 더 사랑하시며 하나님이 이 민족을 더 사랑하십니다. 하나님의 눈으로 보는 순간 믿음이 생깁니다.

'하나님이 하신다. 내 눈에는 절망밖에 보이지 않지만 하나님 눈에는 희망과 승리만 보인다.'

이 세계가 하나님의 말씀으로 지어진 줄을 우리가 압니다. 내 시간 내 공간에서 내 눈으로 보니까 그렇게 보이는 것뿐이지, 하나님의 시간, 하나님의 공간에서 하나님의 눈으로 보면 바라는 것들의 실상이 보입니다. 그래서 믿음의 사람들이 요한계시록에서 왜 "주 예수여 오시옵소서" 하고 하나님을 바랐는지를 이해하게 됩니다. 하나님을 바라본다면, 그 믿음이 있다면 살아갈 수 있습니다. 그 믿음으로 봤더니 내 자녀가 달리 보입니다. 하나님이 만지신다는 기대감이 생깁니다.

시간과 공간을 초월하는 하나님의 크기를 보면서 내게 주어진 때를 아파하며 눈물을 흘리면, 그다음에는 협력하여 선을 이루시는 하나님이 살아 역사하실 것입니다. 하나님의 나라는 꺾이지 않습니다. 이런 마음으로 바라보니 가슴이 벅차고 믿음이 생깁니다.

하나님이 보여야 믿음이 자랍니다. 야곱이 하나님을 봤습니다. 팥죽을 쑤어 장자권을 얻었지만 삶에는 변화가 없었고, 에서는 여전히 잘나갔습니다. 아버지를 속여서 장자권을 얻었지만 가나안 땅에서 쫓겨나 도망자 신세가 되었습니다. 돌베개를 베고 자는 야곱이 그때 붙잡을 수 있는 것은 하나님밖에 없었습니다.

하나님의 사람이 되겠다는 야곱의 서원은, 야곱의 열심이 아니라 벧엘에서 만난 하나님의 열심이 그것을 이루실 것입니다.

근래 살기가 버겁다면 기다리십시오. 은혜입니다. 창세기를 공부하면서 헛된 것이 없다는 생각이 들어서 참 감사합니다. 하나님의 깊이와 넓이가 한량없어서 감사합니다.

실력이 있어야 세상을 이긴다

> 야곱이 길을 떠나 동방 사람의 땅에 이르러 본즉 들에 우물이 있고 그 곁에 양 세 떼가 누워 있으니 이는 목자들이 그 우물에서 양 떼에게 물을 먹임이라 큰 돌로 우물 아귀를 덮었다가 모든 떼가 모이면 그들이 우물 아귀에서 돌을 옮기고 그 양 떼에게 물을 먹이고는 우물 아귀 그 자리에 다시 그 돌을 덮더라 (창 29:1-3)

고대 근동에서 물은 매우 귀한 것이었습니다. 특히 목축을 하는 사람들에겐 절대적이었지요. 그래서 어느 지역에서 물이 나오면 큰 돌로 막아 우물을 만들고 모두가 이용할 수 있도록 했습니다. 큰 돌은 성인 두세 명이 힘을 합쳐 밀어야 할 만큼 컸습니다. 목자들은 양 떼에게 물을 먹이는 시간과 풀을 먹이는 시간을 따로 정하기도 했습니다. 야곱은 그런 양 무리가 있는 것을 보고 목자들에게 물었습니다.

> 야곱이 그들에게 이르되 내 형제여 어디서 왔느냐 그들이 이르되
> 하란에서 왔노라 야곱이 그들에게 이르되 너희가 나홀의 손자 라
> 반을 아느냐 그들이 이르되 아노라 야곱이 그들에게 이르되 그가
> 평안하냐 이르되 평안하니라 그의 딸 라헬이 지금 양을 몰고 오느
> 니라(창 29:4-6)

야곱이 쉬지 않고 걸어서 하루 30~40킬로미터를 여행했다고 가정해도 800킬로미터나 떨어진 밧단아람까지는 20~27일가량 걸립니다. 당시 야곱의 나이가 70세가 넘었다면 아마 이보다 더 걸렸을 것입니다. 지금도 멀리 살면 왕래하기가 힘든데 그 당시에는 얼마나 힘들었겠습니까? 야곱이 70세가 넘었다면 리브가는 고향을 떠난 지 100여 년이 되었을 겁니다. 더구나 리브가의 친정은 목축을 하는 사람들이라 따로 주소가 있을 리 없습니다. 그러니 무슨 수로 찾겠습니까.

그런데 우물을 발견했습니다. 벧엘에서 하나님의 약속을 받고 30여 일을 걸어왔더니 '내가 너와 함께하고 인도한다'는 말씀이 여기서 이루어졌습니다. 왜냐하면 야곱은 밧단아람으로 길을 떠나면서 맨 먼저 우물을 찾고 싶었을 것입니다. 목자들에게 가장 필요한 것 중 하나가 물이기 때문입니다. 물은 양들에게도, 그 양들을 치는 목자에게도 생명의 근원입니다. 야곱이 밧단아람에서 친척을 찾는 가장 좋은 방법은 우물을 찾아서 그곳에 모인 사람들에게 묻는 것입니다.

그런데 성경은 야곱이 똑똑해서 우물을 찾은 게 아니라 하나님이 보여 주셔서 찾은 것이라고 증언하고 있습니다. 창세기 29장 2절의 '본즉'

은 야곱이 우물을 본 것이 아니라 하나님이 보여 줬다는 것을 강조한 말입니다. 하나님은 야곱을 인도한 그 우물로 라헬을 인도하셨습니다.

개역개정 성경에는 창세기 29장 6절에 '본즉'이 빠져 있지만, 히브리어 성경에는 "야곱이 그들에게 이르되 그가 평안하냐 이르되 평안하니라"와 "그의 딸 라헬이" 사이에 '본즉'이 있습니다. 이것은 하나님이 야곱에게 우물을 보여 주셨고, 양을 몰고 오는 라헬도 보여 주셨다는 말입니다. 야곱과 레헬을 우물가로 인도한 하나님의 손길을 강조하고 있는 것입니다. 여호와 이레의 하나님입니다.

출애굽기에서도 하나님의 일하심은 기가 막힙니다.

> 모세가 이르되 오 주여 보낼 만한 자를 보내소서(출 4:13)

하나님이 모세를 부르시는데 모세가 못 간다고 합니다.

> 여호와께서 모세를 향하여 노하여 이르시되 레위 사람 네 형 아론
> 이 있지 아니하냐 그가 말 잘하는 것을 내가 아노라 그가 너를 만
> 나러 나오나니 그가 너를 볼 때에 그의 마음에 기쁨이 있을 것이라
> (출 4:14)

"그가 너를 만나러 나오나니"는 진행형 문장입니다. 하나님이 모세를 만나고 있을 때 아론이 이미 이곳을 향해 오고 있다는 의미입니다.

> 여호와께서 아론에게 이르시되 광야에 가서 모세를 맞으라 하시
> 매 그가 가서 하나님의 산에서 모세를 만나 그에게 입 맞추니(출
> 4:27)

　모세와 아론이 시내 산에서 만나고 있습니다. 매우 넓은 미디안 중에서 하필이면 시내 산에 모세는 양을 치러 갔고, 애굽에 있던 아론은 하나님의 명령에 따라 시내 산으로 길을 나섰습니다. 하나님이 모세를 만나기 전에 이미 아론을 만났다는 것은 모세가 하나님의 부르심을 거절할 것을 이미 아셨다는 뜻입니다. 요나가 불순종할 줄 알고 물고기를 준비하신 하나님입니다. 여호와 이레의 하나님입니다.

　하나님은 야곱이 우물을 보게 하시고 또 라헬을 보게 하셨습니다. 야곱은 이것이 우연이 아니라 하나님의 계획이고 준비하심임을 알았습니다. 야곱이 벧엘에서 하나님을 만난 뒤 길을 떠나면서 이렇게 순탄하게 우물을 만나고 라헬을 만나리라고 예상했겠습니까? 아닙니다. 다만 야곱은 밧단아람으로 길을 떠나면서 하나님의 약속을 그의 유일한 소망으로 의지했고, 하나님이 당신의 약속을 이루실 줄로 믿었습니다.

> 그들이 이르되 우리가 그리하지 못하겠노라 떼가 다 모이고 목자
> 들이 우물 아귀에서 돌을 옮겨야 우리가 양에게 물을 먹이느니라
> 야곱이 그들과 말하는 동안에 라헬이 그의 아버지의 양과 함께 오
> 니 그가 그의 양들을 치고 있었기 때문이더라 야곱이 그의 외삼촌
> 라반의 딸 라헬과 그의 외삼촌의 양을 보고 나아가 우물 아귀에서

돌을 옮기고 외삼촌 라반의 양 떼에게 물을 먹이고 그가 라헬에게

입 맞추고 소리 내어 울며(창 29:8-11)

　고대 근동에서 우물은 공동 소유이므로 양에게 물을 먹이려면 같은 시간에 해야 합니다. 야곱은 물 먹일 시간이 아닌데도 그들이 미리 와서 양을 눕힌 것을 보고, 나름대로 질서를 지킬 것을 요구한 것입니다. 뒤늦게 온 라헬에게 혜택을 주고 싶었기 때문입니다.

　이렇게 보면 야곱도 힘이 없는 사람은 아닙니다. 에서만큼은 아니어도 두세 사람이 들 만한 돌을 혼자 옮겼으니 말입니다. 더구나 목자들에게 말하는 품이 매우 당당합니다. 그런데 다음 순간 야곱이 소리 내어 울고 있습니다. 라헬은 몹시 당황스러웠을 것입니다. 어떤 낯선 남자가 시키지도 않았는데 양에게 물을 주더니 자기에게는 입을 맞추고 소리 내어 우니 말입니다. 그런데 야곱은 이 순간이 너무 가슴 벅찹니다. 하나님이 라헬을 순적하게 만나게 하셨으니 너무 감사해서 가슴이 벅찬 것입니다.

　야곱은 형이 지칠 때를 노려서 팥죽을 쑬 만큼 간교하기도 하지만 그렇게 강짜도 아닙니다. 에서가 죽인다고 하니 줄행랑을 놓고, 삼촌이자 장인인 라반에게는 늘 당하기만 합니다. 이런 야곱에게서 우리의 모습을 봅니다. 세상에서 잔머리를 굴리며 살지만 그렇게 강짜도 아니고, 믿음도 별로입니다.

　야곱이 성화의 사람이라고 하는 것은, 이렇듯 그가 인생길에서 만날 수 있는 모든 과정을 겪었기 때문입니다. 하나님의 은혜와 도움이 아니

면 구제 불능의 사람이기 때문입니다. 야곱은 혼자 힘으로는 세상을 이길 수 없습니다. 나름대로 힘을 쓰고 머리를 쓰지만 세상을 이길 만큼은 아닙니다.

성도들과 함께 성경공부를 하면서 세상에서 가장 쪼다가 누구인가에 대해 이야기를 나눈 적이 있습니다. 여러 이야기 끝에 예수님을 모르는 세상 사람들이 아니라 어정쩡한 신앙생활을 하는 교인이라고 결론을 내렸습니다. 끝까지 타락하지도 못하고 신앙의 깊은 맛도 알지 못하기 때문입니다. 세상에서도 교회에서도 남의 집에 온 손님처럼 미적지근하게 살아가는 사람이 가장 쪼다입니다.

야곱이 그랬습니다. 원래부터 하나님이 주시기로 한 축복을 속임수로 빼앗더니 도망자 신세가 되었습니다. 그리고 이제 그보다 한 수 위인 라반에게 엄청 당하게 될 것입니다. 그러나 쪼다 같은 야곱의 인생은 하나님 안에서 새로워질 것입니다. 그리스도인은 하나님 안에서 쪼다를 벗고 거듭나게 됩니다.

나는 하나님을 인격적으로 만나고 나서 오히려 쪼다가 되었습니다. 나는 원래 강단이 있는 사람입니다. 싸움이 싫어서 피할 뿐 두려워서 피한 적은 없습니다. 맞아 죽더라도 싸울 배포가 있습니다. 나의 초등학교 졸업 사진을 본 사람들은 "이건 초등학생 눈빛이 아니야"라고 말합니다. 그런데 예수님을 믿고 나서 가장 먼저 이 독기가 사라졌습니다. 자존심 상하는 일을 겪어도 성질대로 하지 않았습니다. 때로 너무 힘들어서 하나님 앞에서 울며 내가 쪼다가 된 것 같다고, 예수 믿은 게 억울하다고 항변했습니다. 마음은 변화되었는데 살아 낼 실력이 없으니까 많이 고단했습니다.

지금 야곱이 그렇습니다. 하나님을 만났으나 실력이 없으니 라반에게 번번이 당합니다. 하나님의 사람으로 자라며 실력을 키워야 세상에 속한 라반을 이길 수 있습니다.

> 그에게 자기가 그의 아버지의 생질이요 리브가의 아들 됨을 말하였더니 라헬이 달려가서 그 아버지에게 알리매 라반이 그의 생질 야곱의 소식을 듣고 달려와서 그를 영접하여 안고 입 맞추며 자기 집으로 인도하여 들이니 야곱이 자기의 모든 일을 라반에게 말하매(창 29:12-13)

창세기 24장 28절과 똑같습니다.

> 소녀가 달려가서 이 일을 어머니 집에 알렸더니 리브가에게 오라버니가 있어 그의 이름은 라반이라 그가 우물로 달려가 그 사람에게 이르러(창 24:28-29)

여기도 라헬이 알리니 라반이 달려옵니다. 야곱을 영접하여 안고 입 맞춥니다. 조카라고 하니 반가운 것입니다. 야곱이 환대해 주는 라반에게 그동안 있었던 일을 빠짐없이 말했습니다. 영악한 라반이 이것을 얼마나 악용했겠습니까.

라반이 이르되 너는 참으로 내 혈육이로다 하였더라 야곱이 한 달을 그와 함께 거주하더니 라반이 야곱에게 이르되 네가 비록 내 생질이나 어찌 그저 내 일을 하겠느냐 네 품삯을 어떻게 할지 내게 말하라(창 29:14-15)

품삯을 어떻게 할지 말하라는 것은 정당하게 쓰겠다는 겁니다. 나중에 드러나지만 절대 정당하지 않았습니다. 야곱은 이제 제대로 세상 사람인 라반에게서 인생을 배우게 됩니다.

여호와 이레는 끝까지 가 봐야 알 수 있다

라반에게 두 딸이 있으니 언니의 이름은 레아요 아우의 이름은 라헬이라(창 29:16)

그런데 성경의 이 부분은 재미있는 표현입니다. 드라마에서 흔히 남자가 어느 집에 갔는데 언니가 있고 동생이 있으면 자매끼리 삼각관계로 흐르는 것을 봅니다. 이 구절 역시 앞으로 언니와 동생 사이에 심각한 문제가 일어날 것을 예고하고 있습니다.

레아는 시력이 약하고 라헬은 곱고 아리따우니(창 29:17)

라헬의 외모가 우아하고 아름다웠습니다. 총기가 있고 야무집니다. 야곱은 어쩌면 우물에서 만났을 때부터 라헬에게 반했을지도 모릅니다. 그러니 라반이 마땅한 품삯을 말하라고 하자 돈이 아니라 라헬과의 결혼을 허락해 달라고 말했겠지요.

고대 근동에서는 여자를 아내로 데려오려면 지참금을 내야 합니다. 야곱은 라헬을 아내로 맞기 위해 내야 하는 지참금을 품삯으로 대신 갚겠다고 했습니다.

> 야곱이 라헬을 더 사랑하므로 대답하되 내가 외삼촌의 작은딸 라
> 헬을 위하여 외삼촌에게 칠 년을 섬기리이다(창 29:18)

당시 신부 아버지에게 주는 결혼 지참금으로는 결코 적지 않은 조건입니다. 결혼 지참금으로 7년이라는 완전수를 봉사하겠다는 것은 진짜 결혼하고 싶기 때문입니다. 야곱은 라헬 한 여자만 바라봤습니다.

> 라반이 이르되 그를 네게 주는 것이 타인에게 주는 것보다 나으니
> 나와 함께 있으라 야곱이 라헬을 위하여 칠 년 동안 라반을 섬겼으
> 나 그를 사랑하는 까닭에 칠 년을 며칠같이 여겼더라(창 29:19-20)

야곱은 축복을 받기 위해 70세가 넘도록 애쓸 만큼 집념도 강하고 팥죽으로 장자권을 팔라고 할 만큼 잔꾀도 능하지만 한 여자를 위해서 7년을 봉사할 만큼 순정파이기도 합니다. 라헬을 만나서 울었던 것처

럼, 7년을 며칠같이 여겼다는 것은 야곱이 그만큼 정이 많다는 걸 시사합니다.

> 야곱이 라반에게 이르되 내 기한이 찼으니 내 아내를 내게 주소서
> 내가 그에게 들어가겠나이다(창 29:21)

야곱은 약속대로 7년을 봉사한 뒤에 '당신의 딸'이라 하지 않고 '내 아내'를 달라고 합니다. 7년의 봉사를 통해 라헬이 합법적으로 자신의 아내가 되었음을 말하고 있는 것입니다.

> 라반이 그곳 사람을 다 모아 잔치하고 저녁에 그의 딸 레아를 야곱
> 에게로 데려가매 야곱이 그에게로 들어가니라 라반이 또 그의 여
> 종 실바를 그의 딸 레아에게 시녀로 주었더라(창 29:22-24)

라반이 사람들을 불러 잔치를 열었습니다. 많은 사람들 앞에서 레아를 합법적으로 야곱의 아내로 만들 생각이었기 때문입니다.

> 야곱이 아침에 보니 레아라 라반에게 이르되 외삼촌이 어찌하여
> 내게 이같이 행하셨나이까 내가 라헬을 위하여 외삼촌을 섬기지
> 아니하였나이까 외삼촌이 나를 속이심은 어찌됨이니이까(창 29:25)

야곱의 심정을 아시겠습니까?

라반이 야곱의 마음을 이용했습니다. 얼마나 마음이 급했으면 라헬인지 레아인지 확인도 안 해보고 잠자리에 들었겠습니까. 세상을 살면서 별별 일을 겪는다 해도 야곱만큼 많은 일을 겪기도 쉽지 않을 것입니다. 장인한테 사기당해서 아내가 바뀌다니, 정말 기가 막힙니다.

이삭과 리브가의 결혼 이야기는 그 믿음의 여정이 매우 멋졌습니다. 리브가는 낙타에게까지 물을 줄 만큼 배려심 있고 예쁘고 건강하며, 동시에 즉시 가겠다고 순종하는 결단력까지 갖춘 여인이었습니다. 역시 2세대 여인은 달랐습니다.

그런데 3세대인 야곱의 결혼 이야기는 그렇게 아름답지 않습니다. 사랑하는 라헬과 야곱 사이에 친자매인 레아가 끼어들었습니다. 야곱의 가정은 여자 문제로 복잡해졌습니다. 그런데 이 상황에서도 하나님의 섭리가 있음을 알아야 합니다. 야곱과 함께하시는 하나님의 섭리는 어떠한 상황에서도 꺾이지 않음을 알아야 합니다.

하나님의 선택은 근사한 사람들의 아름다운 사랑과 삶으로 이루어지는 것이 아닙니다. 야곱은 날 때부터 아버지 이삭과 형 에서, 어머니 리브가와 야곱 자신으로 나뉘었습니다. 형과 늘 경쟁했고 그 결과 도망자가 되었으나 이제 결혼까지 복잡해졌습니다. 야곱은 한 사람 라헬을 사랑해서 7년 동안 라반에게 봉사했으나 아내가 바뀌고 말았습니다.

야곱은 사랑하는 라헬과 결혼해서 행복하게 사는 것이 소원이었습니다. 그런데 레아와 잘못된 결혼이 되고 라헬에게서 자녀가 생기지 않으므로 야곱의 가정사는 더 복잡해졌고 꼬여 갔습니다.

3세대 야곱과 라헬의 결혼 이야기는 2세대의 그것과 전혀 다릅니다.

기도했더니 이렇게 결혼하게 되었다가 아니라 기도하고 결혼했는데도 실수하게 된 이야기입니다. 그럼에도 하나님은 이삭과 함께하신 것처럼 야곱과도 함께하십니다. 하나님은 나의 실수와 부족함을 뛰어넘는 분이기 때문입니다. 실제로 하나님은 야곱의 인생을 통해 당신의 선택을 완성해 가십니다.

> 라반이 이르되 언니보다 아우를 먼저 주는 것은 우리 지방에서 하지 아니하는 바이라 이를 위하여 칠 일을 채우라 우리가 그도 네게 주리니 네가 또 나를 칠 년 동안 섬길지니라 (창 29:26-27)

고대 근동에서는 일주일의 결혼 축제를 다 채우지 않으면 그 결혼은 무효가 됩니다. 동생이 언니보다 먼저 결혼하는 법은 없다면서 결혼을 합법화하기 위해 7일을 채우라고 한 것입니다. 그런데 라반은 왜 이 사실을 미리 말하지 않았을까요? 야곱이 7년을 봉사하는 동안 단 한 번도 언급한 적이 없습니다. 이것은 핑계에 불과합니다. 야곱을 7년 더 부려먹을 꾀에 지나지 않습니다.

야곱이 라반의 계략을 이제야 눈치챘지만, 그럼에도 할 수 있는 게 아무것도 없습니다. 우리 인생과 같습니다. 내가 억울한 일을 당한 것이 분명한데 방법이 없습니다. 상대의 잘못이 분명한데도 도리어 교묘한 수로 잘못을 내게 뒤집어씌우면 당하는 수밖에 없습니다. 지금 야곱은 쪼다 같습니다. 바보 같습니다. 라반이 야곱을 속여서 완벽하게 승리한 것 같습니다. 하지만 하나님은 믿는 사람들의 이 억울함과 원통함을 거름 삼아 열매를 맺어 주시는 분입니다. 우리는 당장 무슨 열매를 맺을는지 알지 못해서 억울하고 원통하지만 하나님은 그런 중에도 열매를 맺기 위해 일하십니다.

야곱은 벧엘에서부터 하나님의 인도하심을 느꼈습니다. 라헬을 만나는 순간엔 '그런데 보라' 하며 감탄했습니다. 그런데 이후부터는 계속 당하기만 합니다. '하나님 어찌 이렇게 역사하십니까?' 야곱으로선 말이 안 됩니다. 7년이면 결혼해서 오라 한 리브가의 말을 따라 집으로 돌아갈 줄 알았는데 이제 망한 것 같습니다. 나중에는 아내가 네 명으로 늘어나서 아이들이 열셋이나 되었습니다. 식구가 크게 늘었으니 식솔을 거느릴 만한 재물도 필요했습니다. 그래서 야곱은 20년이나 걸려 집으로 돌아갈 수 있었습니다.

이것이 인생입니다. 야곱의 계획대로 라헬과 결혼했다면 아이 둘쯤 낳았을 것입니다. 그랬다면 그것이 과연 하나님의 뜻일까요? 우리는 잘되면 하나님의 뜻이고 잘 안 되면 하나님이 막으신다고 생각합니다. 하지만 고난도 하나님의 뜻입니다. 여호와 이레는 끝까지 가 봐야 알 수 있습니다. 하룻길, 이틀 길 가서는 알 수 없습니다.

> **야곱이 그대로 하여 그 칠 일을 채우매 라반이 딸 라헬도 그에게**
> **아내로 주고**(창 29:28)

더 재미있는 것은, 야곱이 형을 속였는데 이제는 자기가 속는 것입니다. 라반이 기가 막히게 야곱을 간파하고 그를 속여서 끌고 갑니다.

라반의 계산속이 빤합니다. 사람은 겪어 봐야 알 수 있습니다.

> **라반이 또 그의 여종 빌하를 그의 딸 라헬에게 주어 시녀가 되게**
> **하매 야곱이 또한 라헬에게로 들어갔고 그가 레아보다 라헬을 더**
> **사랑하여 다시 칠 년 동안 라반을 섬겼더라**(창 29:29-30)

처음부터 동생이 언니보다 먼저 결혼하는 법이 없다면서 레아를 위해 7년 일하라고 했으면 야곱은 안 했을 것입니다. 어떡해서든 라헬을 얻기 위해 7년이 아니라 2년만 하겠다고 했을지도 모릅니다. 라반은 이번엔 야곱의 마음이 상한 줄 알고 더 미루지 않고 라헬을 주었습니다. 그리고 다시 7년 동안 딸들과 사위를 밧단아람에 묶어 두었습니다. 라반은 참으로 영리하고 세상적으로 보자면 성공한 사람입니다.

기도 경쟁으로 세워지는 열두 지파

라헬을 얻는 과정이 라반의 잔꾀로 말미암아 꼬였는데, 이번엔 자녀 때문에 이 가정이 복잡해집니다.

> **여호와께서 레아가 사랑 받지 못함을 보시고 그의 태를 여셨으나**
> **라헬은 자녀가 없었더라**(창 29:31)

하나님이 사랑받지 못하는 레아의 입장을 충분히 이해하셨습니다.

라헬에게는 자녀가 없었는데, 히브리 원어로 보면 '힘줄을 끊다, 뿌리를 뽑다'는 뜻입니다. 라헬의 힘줄을 끊은 겁니다. 옛날에 무자(無子)하다는 것은 '벌거벗다'와 같은 뜻으로, 수치를 가지고 살아간다는 의미입니다. 자손을 이어 가는 것이 그만큼 중요했습니다.

라헬이 야곱에게 사랑받는 것도 죄입니까? 키를 내가 마음대로 정할 수 없듯이 사람의 마음도 내가 결정하는 것이 아니지 않습니까?

내가 아는 어떤 목사님은 모든 사람을 좋게 평가하기로 유명합니다. 그가 누군가 참 좋다고 하면 반만 고려해서 들어야 합니다. 반면에 그가 참 나쁜 사람이라고 하면 그 사람은 천하에 아주 나쁜 놈입니다.

어느 날 신학교 운동장에서 삼겹살을 구워 먹은 적이 있습니다.

"형, 나는 돼지고기가 진짜 이렇게 맛있는 줄 몰랐어."

그래서 우리가 농담으로 이렇게 말했습니다.

"너는 자랄 때 만날 소고기만 먹었냐?"

"응. 나는 고등학교 때까지 만날 소고기만 먹었어."

순간 당황했지만 밉지가 않았습니다. 신학생들을 보면 대개 가정형편이 어렵거나 자라난 과정이 힘든 사람이 많습니다. 그에 비하면 그는 부요하고 교회도 잘 섬기는 장로 아버지를 두어 그동안 순탄한 삶을 살았습니다. 어느 날 그가 찾아와 내게 하소연했습니다.

"형, 내가 이렇게 살아온 게 내가 선택한 것이 아니잖아. 어려운 사람들이 그렇게 살고 싶어서 산 것이 아니듯이 나도 그런 거잖아. 그런데 사람들이 내가 자란 환경이 목사가 될 만한 조건이 아니라고 비난해. 난 어떻게 해야 해?"

어려운 삶을 이어 가는 신학생들이 태반인지라 그의 순탄한 삶을 시기한 사람이 있었나 봅니다.

"세상에는 고생이 뭔지 모르는 너 같은 사람을 재수 없게 보는 사람도 있지만 너를 이해하는 사람도 있어. 너를 비난한 그 사람은 하나님 앞에서 그 문제가 아직 해결이 안 돼서 그런 거야. 네가 그냥 넘어가. 고기 맛을 아는 네가 그냥 넘어가."

부요한 가정에서 자란 게 그의 잘못일 수 없습니다. 그가 선택한 것도 아닙니다. 그것이 하나님께 버림받는 이유가 된다면 말이 안 됩니다.

라헬의 미모와 총기는 하나님이 주신 것입니다. 라헬이 유혹해서 야곱이 그녀를 사랑한 게 아니라 스스로 사랑에 빠진 겁니다. 레아가 야곱의 아내가 된 것도 라헬과 아무 상관이 없습니다. 아버지 라반의 꾀로 그렇게 된 것입니다. 그런데 라헬은 어째서 자식을 낳지 못하게 하신 겁니까? 라헬이 가진 것으로 이런 형벌을 받는 것이 말이 됩니까? 왜 하나님은 레아만 이해하시는 겁니까? 하나님이 레아만 편애하시는 것 아닙니까?

아닙니다. 그래서 우리는 끝까지 인생길을 가 봐야 합니다. 하나님이 밧단아람에서 보낸 20년 동안 야곱을 통해 이루신 가장 중요한 일이 무엇인지 아십니까? 3세대의 믿음의 가문을 세우는 일이었습니다. 라반 같은 세상 사람의 장난으로 어려움을 겪는 것 같지만 하나님은 그런 중에도 당신의 계획과 뜻을 이루어 가십니다. 야곱도 밧단아람에 있는 동안 자신의 집을 세우는 데 관심이 많았습니다.

> 내가 오기 전에는 외삼촌의 소유가 적더니 번성하여 떼를 이루었
> 으니 내 발이 이르는 곳마다 여호와께서 외삼촌에게 복을 주셨나
> 이다 그러나 나는 언제나 내 집을 세우리이까(창 30:30)

야곱이 "언제나 내 집을 세우리이까" 하면서 자기 기업을 세우는 일에 관심을 드러내고 있습니다. 기업을 세운다고 하니까 물질의 축복을 생각하는데, 자손과 물질이 함께 세워져야 합니다. 하나님은 밧단아람에서의 20년 동안 야곱의 기업을 만들어 가십니다. 그 첫 번째가 자녀 문제입니다.

라반에게 속임을 당하면서까지 라헬을 사랑한 야곱, 그런데 하나님은 대체 무엇을 이해하셨기에 레아의 태는 여시고 라헬의 태는 닫아서 라헬을 그렇게 비참한 지경으로 몰아가시는 겁니까?

우리는 이 땅에서 행복하게 살기를 원합니다. 그러나 그것은 우리의 바람이지 하나님의 바람은 아닙니다. 하나님은 우리가 이 땅의 행복에 빠져 있기를 원하시지 않습니다. 이 땅은 하나님을 알고 닮아 가며 지나가는 곳이지 행복할 곳이 아닙니다. 하나님이 원하시는 것은, 우리가 아버지 앞에서 영원한 기업을 얻고 부끄럽지 않은 구원의 삶을 사는 것입니다.

학생들에게 왜 공부하라고 합니까? 인생이 학생 신분으로 끝나지 않기 때문입니다. 어른이 되고 사회인이 되는 다음을 준비해야 하기 때문입니다. 학생일 때는 공부만 하는 것이 바보 같아 보일 수도 있습니다. 선생님 눈을 피해 담도 넘고 술 담배도 해야 멋져 보일 수 있습니

다. 하지만 막상 어른이 되면 그런 것이 부질없어 보입니다. 매 순간, 매 과정을 얼마나 폼 나게 지났느냐보다 얼마나 성실하게 지나와서 그 다음을 넘을 준비가 되었느냐가 중요합니다.

나의 둘째 아들은 중학교 2학년 때 필리핀의 둘로스 선교사님 댁으로 가서 거기서 공부했습니다. 필리핀에서 영어도 배우고 선교사님의 사역도 보면서 자신의 길을 준비하겠다고 해서 간 것입니다. 둘째가 필리핀에 간 지 10개월쯤 되었을 때 일이 있어서 필리핀에 갔다가 아들 얼굴도 보고 아들을 가르치는 선생님도 만났습니다.

"아무리 열심히 공부해도 안 되는 애가 있어요. 참 안타깝죠."

"우리 애가 그런가요?"

"그런데요, 그보다 훨씬 안타까운 애가 있어요. 머리가 좋아서 이해도 잘하는데 공부를 안 하는 거예요. 정말 안타까워요."

둘째 아들이 좀 더 공부하면 실력이 훨씬 좋아질 텐데 자꾸 잔꾀를 부린다는 얘기였습니다. 그러고 보니 한국에서도 야곱처럼 잔꾀를 부리며 공부했습니다. 조금만 더 공부하면 1등도 할 것 같은데 조금 성적을 괜찮게 받으니까 그것으로 만족했습니다.

선생님의 말을 들은 뒤 아이를 불러다 한마디 해줬습니다.

"공부를 잘하는 것이 목적이 아니야. 하나님의 사람으로 되어 가는 데 성실하라는 거야. 아빠는 너를 포기하지 않아."

하나님은 우리 아들을 필리핀에 보내서 이 땅에서 쓰임 받도록 만드실 것입니다. 하나님은 아이가 놀면서 마냥 행복해 하니까 그것으로 됐다고 하시는 분이 아닙니다.

야곱의 기업은 하나님의 기업입니다. 야곱 집안의 기업이 아닙니다. 당신의 기업은 당신 게 아니라 하나님의 기업입니다. 하나님의 관심은 야곱이 사랑하는 사람과 오순도순 사는 것이 아니라 하나님이 택한 그가 어떻게 하나님의 기업을 만드는가에 있습니다. 야곱이 그렇게 라헬을 사랑하는데도, 놀랍게도 어쩌다 레아를 찾으면 그날로 아기가 생겼습니다. 하나님이 무엇을 이해하셨을까요? 레아가 야곱의 사랑을 받지 못해 속상한 그 마음도 이해하셨지만 야곱의 기업을 어떻게 만들어 가야 하는지를 이해하셨던 것입니다. 그래서 라헬의 태를 닫아 버리셨습니다.

옛말에 집안이 잘되려면 하늘이 똑똑한 자식을 주고, 그다음에 재물을 준다고 합니다. 여기서 재물은 단순히 돈뿐이 아니라 그가 가지고 있는 역량, 실력 등을 모두 포함하는 단어입니다. 자손이 기업입니다. 똑똑한 자손과 힘이 있어야 누리고 살 수 있습니다. 하나님은 야곱이 좋아하는 방법이 아니라 하나님의 방법으로 자손을 만들어 가십니다.

레아가 임신하여 아들을 낳고 그 이름을 르우벤이라 하여 이르되 여호와께서 나의 괴로움을 돌보셨으니 이제는 내 남편이 나를 사랑하리로다 하였더라(창 29:32)

레아가 르우벤을 낳고 얼마나 좋았을까요. 당시에 여자는 인구수에도 포함되지 않을 만큼 천대받았습니다. 그래서 레아는 아들을 낳고 그 이름을 '보라 아들이다'라는 뜻으로 '르우벤'이라 지었습니다. 그것도 보통 아들이 아니라 장자입니다. 장자는 기업의 몫이 두 배입니다. 아들을 낳았으니까 남편이 자기를 사랑할 것이라 생각했는데 남편은 여전히 라헬을 사랑했습니다.

> 그가 다시 임신하여 아들을 낳고 이르되 여호와께서 내가 사랑 받지 못함을 들으셨으므로 내게 이 아들도 주셨도다 하고 그의 이름을 시므온이라 하였으며(창 29:33)

시므온은 '들으심'이라는 뜻입니다. 이름에 고백이 있죠. 레아가 장자를 낳고 남편의 사랑을 기대했으나 여전히 남편의 사랑이 라헬에게 있자 하나님께 기도했을 것입니다. 하나님이 레아의 기도를 들으시고 아들을 주셨으니 그가 바로 시므온입니다. 레아는 아들을 낳았으니 남편의 사랑을 받으리라 기대했지만 여전히 야곱은 그 기대를 저버렸습니다.

> 그가 또 임신하여 아들을 낳고 이르되 내가 그에게 세 아들을 낳았으니 내 남편이 지금부터 나와 연합하리로다 하고 그의 이름을 레위라 하였으며(창 29:34)

레위는 '연합'이란 뜻입니다. 하나님이 나를 인정했다면 남편도 나를 인정하겠지, 하는 마음으로 '연합하다'라고 이름을 지은 것입니다. 그러나 야곱은 여전히 레아와 연합하지 않습니다. 하지만 나중에 레위 지파는 이스라엘 백성을 하나님과 연결하고 연합하는 사명을 담당하게 됩니다. 레아는 단순히 자기의 소망에 따라 이름을 지었지만 하나님은 레위를 하나님과 이스라엘 백성을 연결하는 지파로서 이미 선택하신 것입니다.

> 그가 또 임신하여 아들을 낳고 이르되 내가 이제는 여호와를 찬송하리로다 하고 이로 말미암아 그가 그의 이름을 유다라 하였고 그의 출산이 멈추었더라(창 29:35)

유다는 '찬송하다', '찬양하다'라는 뜻입니다. 레아가 아들을 넷이나 주셔서 라헬에게 밀리지 않게 하신 하나님을 찬송한 것입니다. 지극히 개인적인 고백입니다. 그런데 나중에 유다는 이스라엘의 찬송이 됩니다. 이 유다 지파에서 예수님이 탄생하신 것입니다. 레아는 단순히 개인적인 고백을 한 것인데 하나님은 이 고백을 통해 유다 지파에서 예수님의 탄생까지 계획하고 일하셨습니다.

> 라헬이 자기가 야곱에게서 아들을 낳지 못함을 보고 그의 언니를 시기하여 야곱에게 이르되 내게 자식을 낳게 하라 그렇지 아니하면 내가 죽겠노라(창 30:1)

여기서 라헬의 성품이 나옵니다. 라헬로서는 언니를 시기할 수밖에 없습니다. 이것은 단순히 자식 문제가 아니라 야곱의 아내의 자리를 두고 시기한 것입니다. 라헬은 야곱의 사랑을 받으니 자기가 줄기인 줄 알았습니다. 그런데 하나님이 그녀의 태를 닫고 레아의 태를 여시니 언니 레아가 줄기가 되었습니다. 비록 야곱의 사랑을 받지만 자녀가 없으니 그녀의 존재는 끊어질 것입니다.

'죽겠노라'를 직역하면 이미 '죽었다'입니다. 자식이 없는 여인은 죽은 것과 같다는 말입니다. 사극을 보면 왕의 여자들이 서로 먼저 후손을 가지려고 암투를 벌이는 것을 봅니다. 장손을 낳지 못하면 그때부터 중전의 자리도 위태로워집니다. 장손을 낳은 여인이 그 자리를 넘볼 것이기 때문입니다. 라헬도 언니 레아와 아내 자리를 놓고 다투게 되면서 마음이 급하니까 야곱에게 떼를 씁니다.

야곱이 라헬에게 성을 내어 이르되 그대를 임신하지 못하게 하시는 이는 하나님이시니 내가 하나님을 대신하겠느냐(창 30:2)

야곱이 무조건 라헬을 사랑하기만 한 것은 아닙니다. 따지려면 하나님께 따져야지 왜 나한테 성을 내느냐고 화를 냅니다. 야곱은 자식이 하나님께로부터 오는 기업인 줄 알았습니다. 그리고 하나님이 왜 라헬의 태를 닫으셨는지 모르지만 이것 역시 하나님이 하시는 일임을 알았습니다.

라헬이 이르되 내 여종 빌하에게로 들어가라 그가 아들을 낳아 내 무릎에 두리니 그러면 나도 그로 말미암아 자식을 얻겠노라 하고
(창 30:3)

남편한테 명령형으로 말합니다. '얻겠노라'를 직역하면 '내가 세워지다'입니다. 내가 못 낳으면 첩에게서 아들을 얻어 자신의 기업을 세우겠다는 뜻입니다. 라헬이 충동이 아니라 치밀하게 계획해서 시녀를 통해 아들을 얻으려 했습니다. 이렇게 해서 야곱의 아내는 셋이 되었습니다.

> 그의 시녀 빌하를 남편에게 아내로 주매 야곱이 그에게로 들어갔더니 빌하가 임신하여 야곱에게 아들을 낳은지라(창 30:4-5)

하나님은 라헬의 태는 열지 않으시면서 라헬이 빌하를 야곱과 동침하게 하자마자 아이를 주셨습니다.

> 라헬이 이르되 하나님이 내 억울함을 푸시려고 내 호소를 들으사 내게 아들을 주셨다 하고 이로 말미암아 그의 이름을 단이라 하였으며 라헬의 시녀 빌하가 다시 임신하여 둘째 아들을 야곱에게 낳으매(창 30:6-7)

빌하를 통해서라도 자식을 얻겠다는 인간적인 방법이 동원되었는데 놀랍게도 하나님이 여기에 역사하셨습니다. 잔머리를 썼는데 이게 될 때가 있습니다. 그러나 하나님은 사람에게 속지 않으십니다. 하나님이 뜻이 있어서 허락해 주신 것일 뿐 나중에 돌려받게 되어 있습니다. 하나님이 야곱의 기업을 세우기 위해 이를 내버려두실 뿐 인간적인 방법이 통용된 것은 아니라는 사실을 알아야 합니다.

> **라헬이 이르되 내가 언니와 크게 경쟁하여 이겼다 하고 그의 이름을 납달리라 하였더라**(창 30:8)

'경쟁하다'는 뜻의 '납달리'는 큰 씨름을 의미합니다. 하나님의 씨름이죠. 세속적인 경쟁 같지만 신령함이 있는 겁니다. 겉으로는 레아와 라헬의 경쟁이지만 야곱의 기업은 곧 하나님의 기업입니다. 레아가 네 명을 낳았는데 빌하가 두 명을 낳으니까 라헬은 '경쟁'이라는 단어를 사용합니다. 그러나 그 웃음도 잠깐입니다.

> **레아가 자기의 출산이 멈춤을 보고 그의 시녀 실바를 데려다가 야곱에게 주어 아내로 삼게 하였더니**(창 30:9)

원문에는 '데려다가'라는 단어가 없습니다. 여기서 '데려다가'는 충동적으로 그 일을 했음을 나타냅니다. 레아는 이미 아들을 넷이나 낳았으니 안심하고 있었습니다. 그런데 라헬이 시녀를 통해 아들을 둘이나 얻자 레아의 마음이 갑자기 조급해졌습니다. 출산이 멈춘 레아는 라헬처럼 의도하지는 않았지만 자기의 시녀를 통해 아들을 얻겠다는 계획을 하게 됩니다.

> **레아의 시녀 실바가 야곱에게서 아들을 낳으매 레아가 이르되 복**

되도다 하고 그의 이름을 갓이라 하였으며(창 30:10-11)

갓은 '행운, 복, 횡재'라는 뜻입니다. 충동적으로 시작된 일이었으나 하나님이 여기에 복을 주셨습니다.

레아의 시녀 실바가 둘째 아들을 야곱에게 낳으매 레아가 이르되 기쁘도다 모든 딸들이 나를 기쁜 자라 하리로다 하고 그의 이름을 아셀이라 하였더라(창 30:12-13)

아셀은 '기쁨, 행복'이라는 뜻입니다. 이제 레아의 아들은 여섯 명이나 되었습니다. 라헬을 크게 앞지르게 된 것입니다. 이렇듯 여인들의 경쟁을 통해 야곱은 부인이 4명이나 되었고 아들을 여덟 명이나 얻었습니다. 그러나 이 경쟁은 아직 끝나지 않았습니다.

밀 거둘 때 르우벤이 나가서 들에서 합환채를 얻어 그의 어머니 레아에게 드렸더니 라헬이 레아에게 이르되 언니의 아들의 합환채를 청구하노라(창 30:14)

합환채는 흰독말풀입니다. 최음제, 강장제, 임신촉진제로 사용되는 약초입니다. 라헬이 르우벤이 주워 온 것을 레아에게 "청구하노라" 했습니다. 그런데 원문에는 "나 주면 안돼"라며 겸손하게 요구하고 있습니다. 라헬은 자식을 낳고 싶은 마음에 어떡해서든 합환채를 얻고 싶었던 것입니다.

> 레아가 그에게 이르되 네가 내 남편을 빼앗은 것이 작은 일이냐 그
> 런데 네가 내 아들의 합환채도 빼앗고자 하느냐 라헬이 이르되 그
> 러면 언니의 아들의 합환채 대신에 오늘 밤에 내 남편이 언니와 동
> 침하리라 하니라(창 30:15)

레아가 "네가 내 남편을 빼앗은 것이 작은 일이냐"고 하니까 라헬이 "오늘 밤에 내 남편이 언니와 동침하리라" 합니다. 이것은 라헬이 자식은 없어도 여전히 주도권을 쥐고 있음을 시사합니다. 레아가 야곱의 마음을 얻지 못한 것입니다. 사실 라헬이 레아에게 비난 들을 일은 하지 않았습니다. 아버지 라반의 잔꾀가 빚은 일일 뿐입니다.

야곱이 불쌍합니다. 한 여자랑 행복하게 살려고 했는데 아내가 넷이나 되었습니다. 일하다 돌아오면 라헬이 정해 준 대로 잠자리에 들어가야 합니다. 하나님의 기업도 좋지만 잠자리까지 자기 의지로 선택할 수 없으니 야곱이 불쌍합니다. 일하고 돌아올 때마다 야곱은 두렵고 무서웠을 겁니다. 오늘 밤은 어느 방으로 들어가야 하나 걱정되었을 것입니다. 기업 세우기가 쉬운 게 아닙니다.

> 저물 때에 야곱이 들에서 돌아오매 레아가 나와서 그를 영접하
> 며 이르되 내게로 들어오라 내가 내 아들의 합환채로 당신을 샀노
> 라 그 밤에 야곱이 그와 동침하였더라 하나님이 레아의 소원을 들

으셨으므로 그가 임신하여 다섯째 아들을 야곱에게 낳은지라(창 30:16-17)

라헬은 합환채를 샀지만 당일은 언니 레아에게 양보하고 다음 날에 합환채를 먹은 뒤 야곱과 동침했을 것입니다. 그런데 합환채를 먹은 라헬이 아니라 합환채를 준 레아가 아들을 낳았습니다.

여기서 레아와 라헬이 무엇을 배웠을까요? 그 전에는 인간적인 방법이 통했습니다. 그때 인간적인 방법이 통한 것은 하나님의 섭리 속에 있었기 때문입니다. 하나님의 뜻에 맞지 않으면 어떤 방법도 소용없게 되는 것입니다.

레아의 소원은 남편의 사랑을 받는 것이었습니다. 그러나 라헬이 시녀를 통해 아들을 얻자 이제 남편의 사랑이 아니라 기업의 문제가 더 중요해졌습니다. 라헬에게 합환채를 넘겨주고 나서 레아는 몹시 불안했을 것입니다. 라헬도 합환채를 얻고 나서 자식을 얻을 수 있을 거란 기대감을 가졌을 겁니다. 그런데 레아에게 자식이 생겼습니다. 자식을 낳고 안 낳고는 하나님께 달린 것입니다. 세상적인 방법인 합환채로는 하나님이 닫으신 태를 열 수가 없습니다.

우리에게도 세상의 방법인 합환채가 있습니다. 이거 아니면 안 된다는 합환채를 가진 놈이 유리하다고 생각할 때가 있습니다. 그러나 그렇지 않습니다.

합환채가 아니면 안 될 것 같습니까? 운이 없었다 하십니까? 합환채가 있어도 하나님이 섭리하시지 않으면 소용이 없습니다. 하나님의 섭리가 있어야 합니다.

> 레아가 이르되 내가 내 시녀를 내 남편에게 주었으므로 하나님이
> 내게 그 값을 주셨다 하고 그의 이름을 잇사갈이라 하였으며(창
> 30:18)

잇사갈은 '값이 있다, 보상이 있다'라는 뜻입니다. 합환채가 아니라 하나님이 기도를 들어주셨음을 고백하고 있습니다.

> 레아가 다시 임신하여 여섯째 아들을 야곱에게 낳은지라 레아가
> 이르되 하나님이 내게 후한 선물을 주시도다 내가 남편에게 여섯
> 아들을 낳았으니 이제는 그가 나와 함께 살리라 하고 그의 이름을
> 스불론이라 하였으며(창 30:19-20)

스불론은 '누구와 같이 거한다'는 뜻입니다. 아들 여섯을 낳았으면 이제 야곱이 하나님이 누구를 사랑하고 택하셨는지를 알겠지, 누구를 기업으로 세워야 할지를 알겠지, 그러니 나와 함께 거할 수밖에 없겠지 하는 마음을 드러낸 이름입니다.

> 그 후에 그가 딸을 낳고 그의 이름을 디나라 하였더라(창 30:21)

디나는 '심판, 판단'이란 뜻입니다. 단의 여성형 명사입니다. 하나님

은 레아에게 6명의 아들도 모자라서 딸까지 주셨습니다. 반면에 라헬의 태는 완전히 닫아 버리셨습니다. 라헬이 아기를 갖기 위해 얼마나 많은 방법을 썼을까요? 아마도 할 수 있는 방법은 모두 다 해봤을 것입니다. 하지만 모든 방법은 실패로 돌아갔고 그 자신은 점점 늙어 가고 있습니다. 라헬이 이제 마지막으로 매달릴 방법은 한 가지밖에 없었습니다. 하나님을 바라보는 것입니다. 하나님이 여기까지 라헬을 몰아가신 겁니다.

> 하나님이 라헬을 생각하신지라 하나님이 그의 소원을 들으시고
>
> 그의 태를 여셨으므로(창 30:22)

이제야 하나님이 라헬의 소원을 들어주셨습니다. 라헬이 쓴 인간적인 방법이 모두 실패로 돌아갔지만 이것이 라헬에게는 은혜였습니다. 하나님이 그의 소원을 들으셨다는 것은 라헬이 그만큼 하나님께 기도했다는 의미입니다. 하나님이 아니면 안 된다는 것을 배운 뒤 오랫동안 하나님께 마음의 소원을 드렸다는 의미입니다. 그러는 동안 레아는 두 아들과 딸을 낳았습니다. 레아가 아기를 낳았다는 소식을 들을 때마다 라헬의 기도는 더 간절해졌을 것입니다. 라헬이 이렇게 기도함으로 얻은 아들이 바로 요셉입니다. 오랜 기다림이 당장은 저주 같지만 그만큼 기도가 쌓인 것이므로 그보다 더 큰 축복이 없습니다.

믿음은 나의 확신이나 신념이 아니고 대상을 아는 데서 생깁니다. 대상이 분명히 줄 것을 알면 딴짓 안 하고 기다릴 수 있습니다. 믿음의

사람은 인내할 수 있습니다.

어떤 때 하나님은 우리를 오랫동안 기도시키십니다. 그렇게 쌓인 기도는 결코 손해가 아닙니다. 라헬은 오랜 기도와 기다림 끝에 한 아들을 얻었으니, 그가 바로 나중에 장자권을 차지하게 될 요셉입니다.

> 그가 임신하여 아들을 낳고 이르되 하나님이 내 부끄러움을 씻으
> 셨다 하고 그 이름을 요셉이라 하니 여호와는 다시 다른 아들을 내
> 게 더하시기를 원하노라 하였더라(창 30:23-24)

요셉은 '더하다, 수치를 씻다'라는 뜻입니다. 다른 아들을 더하시기를 원한다는 뜻이기도 합니다. 라헬의 소원대로 한 아들을 더 주셨으니 바로 베냐민입니다.

어떤 면에서 라헬은 남편의 사랑을 받았지만 불쌍한 여인입니다. 라반이 처음부터 정직하게 라헬을 야곱에게 주었다면 이런 고생을 하지 않았을 겁니다. 사랑하는 남편과 단란한 가정을 이루며 살았을 것입니다. 하지만 라반이 레아를 먼저 줌으로써 뜻하지 않게 언니 레아와 경쟁 관계가 되고 말았습니다.

당시에 여인이 아들을 낳는 일은 너무나 당연한 사명이었습니다. 따라서 여인들이 아들을 낳기 위해 수단과 방법을 가리지 않는 것은 당연했습니다. 라헬이 요셉이 태어나자 아이를 더 달라고 한 것은 당시 상황으로 봤을 때 욕심으로 보기 어렵습니다. 하지만 베냐민을 낳을 때가 그녀의 소원을 이루고 천국으로 가야 할 때인 줄은 꿈에도 몰랐을

것입니다.

라헬이 왜 먼저 죽어야 했을까요? 그것은 하나님만이 아십니다. 그러나 분명한 것은 베냐민을 낳고 열두 명이 완성된 순간 라헬은 그 사명을 다한 것입니다.

어느 날, 아들 방에 있는 컴퓨터로 일을 마치고 나오는데 큰아들이 갑자기 물었습니다.

"아빠, 믿음의 사람들이 이 땅을 살아가는 목적이 뭐야?"

"웨스트민스터 소요리문답 첫 번째 질문에 보면 사람의 제일 되는 목적은 하나님을 영화롭게 하는 것과 영원토록 그를 즐거워하는 것이라고 말하고 있어."

잠을 자러 가는 길이기에 형식적으로 대답하고 나가려는데 아들이 또 묻습니다.

"그러면 하나님을 안 믿는 세상 사람들이 인생을 사는 목적은 뭘까?"

"무엇을 먹을까, 무엇을 입을까, 무엇을 마실까가 그들이 사는 삶의 목적이겠지. 결국 세상 것의 만족이 그들의 목적 아닐까?"

"그럼 지금 내가 열심히 공부해서 학점을 잘 받는 것이 어떤 의미에서 중요해?"

"하람아! 아빠가 잘 먹고 잘살려고 또 사람들한테 인정받으려고 성경을 보고 설교하는 게 아니야. 하나님이 아빠한테 맡긴 일이기에 성실하게 열심히 하려는 거야. 너한테는 학생의 삶을 주셨으니 최선을 다해야지. 학점이 중요한 게 아니라 하나님이 너한테 준 장소에서 맡겨진 일을 성실하게 하는 게 중요해. 그게 사명이야."

"……."

"아빠가 졸업한 합동신학대학원 본관 1층에 가면 고 박윤선 목사님이 쓰신 '지사충성(至死忠誠)'이란 글씨가 크게 걸려 있어. 교수님들은 공부하다 죽어도 순교라고 하셨지. 사람들이 알아주는 큰 일을 해서가 아니라 내게 맡겨진 일을 감당하다가 죽으면 그것이 순교야."

라헬은 짧은 인생을 살았지만 자신의 사명을 잘 감당한 여인이었습니다. 믿음의 3세대 야곱은 네 명의 아내에게서 아들을 열두 명이나 얻었습니다. 그런데 야곱은 아브라함과 이삭이 아들을 얻은 것과 사뭇 다릅니다. 별로 감격적이지 않습니다. 야곱이 아내를 두는 과정도 1세대, 2세대의 아름다운 이야기와 비교됩니다.

야곱은 아브라함, 이삭과 비교했을 때 과정이 지저분하고 세속적이며 인간적입니다. 그러나 여전히 하나님의 기업입니다. 이 방법이 이해되십니까? 경건하고 멋져야만 하나님의 기업이 아니라 그 방법이 저속할지라도 하나님은 여전히 하나님의 기업을 만들어 가십니다. 이것이 참으로 은혜롭습니다. 하나님은 우리의 부족함을 넘어서 그분의 기업을 만들어 가실 수 있는 분입니다. 하나님이 만드는 야곱의 기업으로 인해 후일 이스라엘에 열두 지파가 생겼습니다.

Chapter 4

살아 계신
하나님을 얻다

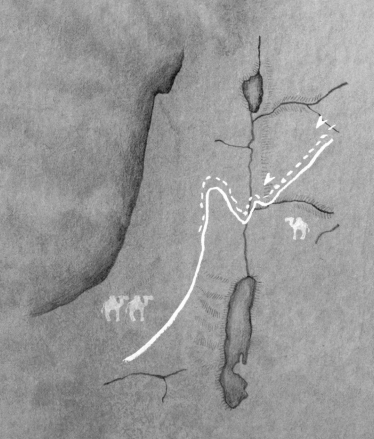

속고 또 속아도 속수무책

야곱은 피곤한 인생을 살았습니다. 이제부터는 야곱이 재물을 어떻게 얻는가 하는 문제가 다루어집니다.

> **라헬이 요셉을 낳았을 때에 야곱이 라반에게 이르되 나를 보내어**
> **내 고향 나의 땅으로 가게 하시되**(창 30:25)

당시 사람들은 어딘가를 가고자 할 때 자기가 속한 지역의 최고 지도자에게 허락을 받아야 했습니다. 모세도 마찬가지죠. 애굽으로 사명을 받고 떠날 때 장인인 이드로에게 허락을 받고 내려갔습니다. 야곱도 지금 라반에게 허락을 받고자 합니다. 원문에는 '나는 갈 것이다'가 먼저 나옵니다. '보내 달라'고 부탁하는 분위기라기보다 '가겠다'는 의지를 분명히 하는 장면입니다.

야곱은 아내와 자식들을 얻었지만 아직 재물을 모으지는 못했습니다. 그럼에도 고향으로 가겠다고 한 데는 굉장히 중요한 이유가 있기 때문입니다.

> 내가 외삼촌에게서 일하고 얻은 처자를 내게 주시어 나로 가게 하소서 내가 외삼촌에게 한 일은 외삼촌이 아시나이다 라반이 그에게 이르되 여호와께서 너로 말미암아 내게 복 주신 줄을 내가 깨달았노니 네가 나를 사랑스럽게 여기거든 그대로 있으라 또 이르되 네 품삯을 정하라 내가 그것을 주리라(창 30:26-28)

외삼촌에게서 일하고 얻은 처자는 분명히 나의 소유라고 못 박고 있습니다. 그리고 외삼촌 집에서 재물을 얻기 위한 야곱의 수고를 말하고 있는 것입니다. 야곱은 밧단아람에서 20년을 지냈습니다. 이 20년은 야곱이 자신의 기업을 만드는 기간이었습니다. 그런데 처음 7년은 열심히 일만 했을 뿐 아내도 없었고 재물도 없었습니다. 즉 처음 7년을 제외한 나머지 13년 동안 처자식과 재물을 얻었습니다.

많은 학자들은 야곱이 아내를 얻는 14년 기간 중에 7년 동안 아내와 자식을 얻었고, 나머지 6년 동안 재물을 얻었다고 봅니다. 이것은 창세기 29장 31절부터 30장 24절까지 12명의 자녀들이 생기는 과정이 기록되어 있고 이후 요셉을 낳고 나서 야곱이 고향으로 돌아가겠다고 라반과 품삯을 정하는 모습이 기록되었다는 데서 나온 해석입니다. 즉 요섭이 태어난 때를 기준으로 이전은 자녀를 얻는 기간이고 이후는 재물을 얻는 기간으로 본 것입니다. 야곱이 라반과 품삯을 정하는 때가 재물을 얻는 기간의 시작이라고 본 것입니다.

그런데 이 같은 해석은 문제가 있습니다. 나는 요셉이 태어난 때가 고향으로 돌아가기 1년 전쯤이라고 봅니다. 다시 말해 야곱이 밧단아람에서 산 지 19년째에 요셉이 태어난 것으로 보는 것입니다. 이렇게 보면 자녀를 얻는 기간은 7년이 아니라 13년으로 늘게 됩니다. 물론 야곱이 재물을 모은 기간은 라헬을 위한 봉사가 끝난 14년 이후부터 시작되어서 6년이 되는 것은 맞습니다. 그러나 요셉을 낳을 때 정한 품삯이 재물을 얻는 6년의 시작이냐 아니면 가나안 땅으로 돌아오기 1년 전에 마지막 품삯을 정한 것인가가 논점이 되는 겁니다. 정리하자면, 창세기 30장 25절 이하에서 라반과 품삯을 정한 때는 야곱이 재물을 얻는 시작점이 아니라 라반과 품삯을 놓고 마주한 마지막 협상 테이블인 것입니다.

야곱은 라반을 피해 밧단아람에서 도망 나올 때 아내들을 설득하는 과정에서 자신이 라반에게 얼마나 당하며 살았는가를 말합니다.

> 그대들의 아버지가 나를 속여 품삯을 열 번이나 변경하였느니라 그러나 하나님이 그를 막으사 나를 해치지 못하게 하셨으며 그가 이르기를 점 있는 것이 네 삯이 되리라 하면 온 양 떼가 낳은 것이 점 있는 것이요 또 얼룩무늬 있는 것이 네 삯이 되리라 하면 온 양 떼가 낳은 것이 얼룩무늬 있는 것이니(창 31:7-8)

야곱의 고백을 보면 라반이 품삯을 열 번이나 변경했다고 합니다. 점 있는 것으로 품삯을 정해서 점 있는 양이 많이 태어나면 얼룩무늬로 변경하고 얼룩무늬가 많이 태어나면 아롱진 것으로 변경해서 재물을 모을 수가 없었다는 것입니다. 그래서 야곱은 요셉이 태어나자 마침내 결심을 했습니다. 이대로는 재물을 얻어 고향에 돌아가기 어려우므로 그냥 고향에 돌아가자고 결심한 것입니다. 그러자 라반이 다시 품삯을 정하자고 협상 테이블로 야곱을 불러냈습니다. 그러므로 창세기 30장 25절 이하는 마지막으로 품삯을 정하는 장면인 것입니다.

> **오늘 내가 외삼촌의 양 떼에 두루 다니며 그 양 중에 아롱진 것과**
> **점 있는 것과 검은 것을 가려내며 또 염소 중에 점 있는 것과 아롱**
> **진 것을 가려내리니 이 같은 것이 내 품삯이 되리이다**(창 30:32)

열 번은 완전수입니다. 라반이 딱 10번만 변경했다기보다 수없이 변경했다고 봐야 합니다. 이제 야곱이 마지막 방법을 제시합니다. 흰색 양은 무조건 라반 것이고 아롱지든지, 점이 있든지, 검든지, 색깔이 조금만 들어가도 그 양은 자신의 것으로 하자고 제안한 것입니다. 나중에 라반이 변경하지 못하도록 두 종류로 나누어 버린 것입니다.

야곱은 레아와 라헬을 얻기 위해서 14년을 일했습니다. 그리고 나머지 6년 동안 자신의 재물을 얻기 위해서 품삯을 정하고 일한 것은 맞습니다. 그런데 이 6년 중에 요셉을 낳기까지 5년 동안 라반이 너무나 많이 변경하고 속여서 재물을 모을 수가 없게 되자 요셉을 낳을 때에 마지막 담판을 짓고자 품삯에 대한 협상을 한 것입니다. 이렇게 해석을 안 하면 많은 문제가 생깁니다.

첫 번째는 야곱의 열세 자녀 중 레아가 밧단아람에서 일곱을 낳았습니다. 야곱이 7년을 꼬박 봉사한 뒤에 레아를 얻었고, 라헬을 얻기 위해서 7년을 더 일했습니다. 야곱이 자식을 얻기 시작한 기간이 밧단아람에서 7년이 지난 후부터입니다. 그런데 요셉을 낳고 나서 자신의 품삯을 정한 것이라고 한다면 레아가 자식을 7년 동안 모두 낳았다는 결론이 됩니다. 그렇다면 레아는 매년 아기를 출산한 셈입니다. 그런데 창세기 29장 35절에 보면 레아가 유다를 낳은 뒤 출산이 멈췄다고 기록되어 있습니다. 여기서 설명이 안 되는 부분이 발생합니다.

옛날에는 모유를 먹이는 동안 생리가 멈췄습니다. 그런데 레아가 야곱과 동침만 하면 임신을 해서 매년 아기를 낳았다는 건 말이 안 됩니다. 모유를 먹이는 사람은 생리가 곧바로 시작되지 않았고 회복하는 기간도 필요했습니다. 더구나 라헬의 시녀 빌하가 자녀를 낳은 기간 동안 몇 년 가량은 출산이 멈춰 있었습니다. 그러니 레아가 매년 아기를 낳았다는 것은 말이 안 됩니다.

두 번째는 요셉이 30세에 애굽의 총리가 되어 아버지 야곱을 39세에 만납니다. 야곱은 130세입니다. 91세에 요셉을 낳은 겁니다. 그렇다면 야곱이 밧단아람으로 도망쳤을 때가 70세가 넘었다는 얘기가 됩니다.

문제는 유다의 나이에서 나타납니다. 창세기 38장에는 유다와 다말의 사건이 기록되어 있습니다. 유다가 자녀를 낳아 결혼까지 시키려면 유다와 요셉 간에 나이 차가 꽤 나야 합니다. 만약 레아가 7년 안에 7명의 자식을 낳은 것으로 한다면 야곱이 밧단아람으로 77세에 떠난 것이 됩니다. 또한 이렇게 되면 유다와 요셉의 나이 차이가 세 살밖에 안 됩니다.

> 요셉은 노년에 얻은 아들이므로 이스라엘이 여러 아들들보다 그를 더 사랑하므로(창 37:3)

야곱이 요셉을 사랑했는데 그 아들을 노년에 얻었기 때문이라고 성경은 말하고 있습니다. 그런데 만일 레아가 7년 동안 자녀들을 낳았다면 유다는 요셉과 세 살 차이고 레아의 여섯째 아들 스불론과는 한 살 차이밖에 안 납니다. 그렇다면 노년에 얻은 아들이어서 사랑한다는 표현은 잘못된 것입니다. 오히려 라헬이 낳은 자식이어서 사랑한다고 표현해야 맞습니다.

또 다른 문제는 창세기 46장 8-27절에서 야곱이 70명의 자녀들을 데리고 애굽으로 가는 명단이 나옵니다.

> 유다의 아들 곧 엘과 오난과 셀라와 베레스와 세라니 엘과 오난은 가나안 땅에서 죽었고 베레스의 아들은 헤스론과 하물이요(창 46:12)

세 번째는 애굽에 내려간 유다의 식구들입니다. 레아가 7년 안에 자녀들을 낳았다면 이때 유다의 나이는 42세가 되는데 42세에 손자가 있을 수는 있습니다. 그러나 창세기 38장에서 베레스와 세라가 태어난 과정이 기록되어 있습니다. 베레스와 세라는 유다가 다말에게서 낳은 자식입니다. 다말은 유다의 맏아들인 엘의 아내입니다. 엘과 오난이 죽자 유다는 계대법에 따라 다말을 셀라에게 주어서 엘의 기업을 세워야 했으나, 셀라마저 죽을까 두려워 그러지 않았습니다. 그러자 다말이 창녀처럼 변장해서 유다에게서 자식을 낳았으니 바로 베레스와 세라입니다. 따라서 베레스와 세라는 유다의 자식이면서 손자이기도 합니다. 그렇다면 베레스의 아들인 헤스론과 하물은 유다의 증손자입니다. 42세에 증손자를 데리고 애굽에 내려간 것입니다.

이때 애굽에 내려간 유다가 증손자 나이의 손자가 있다면 도대체 유다와 그의 아들들은 몇 살에 결혼했기에 이것이 가능할 수 있었을까요? 유다와 그의 자식들이 결혼할 나이를 억지로 맞추려 해도 42세의 유다 나이에 증손자뻘의 아이가 있다는 것은 설명하기가 힘듭니다. 그러므로 야곱이 밧단아람에서 지낸 지 19년째에 요셉을 낳았다고 보고 이때 애굽에 내려간 유다 나이를 47세로 봐야 그나마 설명이 됩니다.

야곱이 14년 동안 아내를 얻기 위해 일한 것을 두고 기득권을 주장할 수는 없을 것입니다. 야곱이 일한 대가로 아내를 얻었으니 말입니다. 하지만 야곱은 레아와 라헬을 얻고 난 뒤에도 라반에게서 어떤 것도 얻지 못했습니다. 야곱이 기업을 얻기 위해 부단히 노력했음에도 아무것도 얻지 못했습니다. 그렇게 보면 야곱은 자식 문제도 뜻대로 안 됐고 기업 문제도 뜻대로 안 됐습니다. 야곱의 힘으로 얻는 기업이 아니기 때문에 그렇습니다. 자식도 하나님의 뜻대로 주신 것이고 재물도 하나님의 뜻대로 주신 겁니다. 야곱은 이렇듯 아주 치열한 과정을 거쳐 나중에 하나님이 나에게 두 떼를 주었다는 고백을 하게 됩니다.

> 야곱이 그에게 이르되 내가 어떻게 외삼촌을 섬겼는지, 어떻게 외삼촌의 가축을 쳤는지 외삼촌이 아시나이다 내가 오기 전에는 외삼촌의 소유가 적더니 번성하여 떼를 이루었으니 내 발이 이르는 곳마다 여호와께서 외삼촌에게 복을 주셨나이다 그러나 나는 언제나 내 집을 세우리이까(창 30:29-30)

야곱이 가는 곳마다 하나님이 어마어마한 복을 주셨건만 정작 야곱 자신은 아무것도 손에 쥔 게 없다는 얘기입니다.

> 라반이 이르되 내가 무엇으로 네게 주랴 야곱이 이르되 외삼촌께서 내게 아무것도 주시지 않아도 나를 위하여 이 일을 행하시면 내가 다시 외삼촌의 양 떼를 먹이고 지키리이다(창 30:31)

야곱이 마지막에 머리를 썼습니다. 지금까지 억울한 일은 잊고 이제 미래를 위해 새로운 조건을 제시합니다.

> 오늘 내가 외삼촌의 양 떼에 두루 다니며 그 양 중에 아롱진 것과 점 있는 것과 검은 것을 가려내며 또 염소 중에 점 있는 것과 아롱진 것을 가려내리니 이 같은 것이 내 품삯이 되리이다(창 30:32)

양은 대부분이 흰색입니다. 염소는 대부분 검은색입니다. 점이 있거나 아롱진 양이나 염소는 열성입니다. 지금 야곱은 열성인자를 가진 양과 염소를 갖겠다고 말하고 있습니다. 라반에게 유리한 조건을 제시해야 야곱 소유의 기업을 이룰 수 있으니까 야곱이 머리를 쓴 것입니다. 어떻게든 기업을 가지려는 야곱의 열심입니다.

> 후일에 외삼촌께서 오셔서 내 품삯을 조사하실 때에 나의 의가 내 대답이 되리이다 내게 혹시 염소 중 아롱지지 아니한 것이나 점이 없는 것이나 양 중에 검지 아니한 것이 있거든 다 도둑질한 것으로 인정하소서(창 30:33)

혹시 내 소유가 많더라도 그것은 내가 열심히 한 대가라는 것을 인정해 달라는 것입니다. 혹시 염소 중 아롱지지 아니한 것이나 점이 없는 것이나 양 중에 검지 아니한 것이 있거든 다 도둑질한 것으로 인정하라고 당당하게 말합니다.

> 라반이 이르되 내가 네 말대로 하리라 하고 그날에 그가 숫염소 중 얼룩무늬 있는 것과 점 있는 것을 가리고 암염소 중 흰 바탕에 아롱진 것과 점 있는 것을 가리고 양 중의 검은 것들을 가려 자기 아들들의 손에 맡기고 자기와 야곱의 사이를 사흘 길이 뜨게 하였고 야곱은 라반의 남은 양 떼를 치니라(창 30:34-36)

점이 있는 것, 아롱진 것들이 야곱의 것이 되려면 서로 교합해야 합니다. 그런데 라반이 그것들을 골라서 아들들에게 주어 사흘 길 거리만큼 떨어뜨려 놓았습니다. 군대가 추적할 때 추적권 바깥이라고 인정하는 거리가 사흘 길입니다. 야곱이 도무지 접근하지 못하게 멀리 떨어뜨려 놓은 것입니다. 라반의 속셈이 그대로 드러납니다. 이제 야곱에게는 흰색 양과 검은색 염소만 남았습니다.

야곱은 그렇게라도 해야 했다

야곱이 버드나무와 살구나무와 신풍나무의 푸른 가지를 가져다가
그것들의 껍질을 벗겨 흰 무늬를 내고 그 껍질 벗긴 가지를 양 떼
가 와서 먹는 개천의 물구유에 세워 양 떼를 향하게 하매 그 떼가
물을 먹으러 올 때에 새끼를 배니 가지 앞에서 새끼를 배므로 얼룩
얼룩한 것과 점이 있고 아롱진 것을 낳은지라(창 30:37-39)

아무리 머리를 써도 야곱은 라반을 이기지 못합니다. 악을 이기는 데는 두 가지 방법이 있습니다. 하나는 상대의 악보다 더 큰 악으로 상대를 이기는 것입니다. 문제는 내가 더 큰 악인이 된다는 사실입니다. 또 다른 하나는, 선으로 악을 이기는 겁니다. 가장 좋은 방법인데 결코 쉽지 않습니다. 선으로 이기려면 내 힘이 아니라 하나님의 도움으로만 가능합니다. 성도는 세상 사람을 이기지 못합니다. 더 크게 악인이 될 수 없기 때문입니다. 괜히 악한 척해 봤자 더 크게 당합니다. 하나님의 도움으로만 성도는 세상을 이길 수 있습니다.

야곱이 마침내 자신의 방법을 내려놓고 하나님만 의지하기 시작합니다. 버드나무와 살구나무와 신풍나무의 푸른 가지를 가져다가 그것들의 껍질을 벗겨 흰 무늬를 내어 양 떼들이 물 먹으러 오는 곳에 꽂아 두었습니다.

> **야곱이 새끼 양을 구분하고 그 얼룩무늬와 검은 빛 있는 것을 라반의 양과 서로 마주보게 하며 자기 양을 따로 두어 라반의 양과 섞이지 않게 하며 튼튼한 양이 새끼 밸 때에는 야곱이 개천에다가 양 떼의 눈앞에 그 가지를 두어 양이 그 가지 곁에서 새끼를 배게 하**
> **고**(창 30:40-41)

이스라엘 사람들은 개천에다 양들을 먹일 수 있는 수로를 만들었습니다. 우물 물을 퍼다가 수로에 붓고 양들에게 물을 먹인 것입니다. 야곱은 그 수로 곁에 버드나무와 살구나무와 신풍나무의 푸른 가지를 벗겨 얼룩을 낸 다음 꽂아 두었습니다. 양들이 물을 먹으면서 그 얼룩진 나뭇가지를 보게 하기 위함입니다. 그리고 아롱아롱 무늬가 난 가지를 보면서 교미하도록 했습니다. 그랬더니 놀랍게도 태어나는 족족이 점이나 아롱진 새끼가 태어났습니다. 그것도 두 떼가 나왔습니다.

> **약한 양이면 그 가지를 두지 아니하니 그렇게 함으로 약한 것은 라**

반의 것이 되고 튼튼한 것은 야곱의 것이 된지라 이에 그 사람이
매우 번창하여 양 떼와 노비와 낙타와 나귀가 많았더라(창 30:42-43)

그런데 약한 양이면 아롱진 가지를 빼내어 의도적으로 아롱지지 않
도록 막았습니다. 그럼에도 야곱은 어디에 견줘도 뒤지지 않을 만큼 많
은 양 떼와 노비와 낙타와 나귀를 소유하게 되었습니다.

야곱이 오죽하면 나뭇가지를 꽂았겠습니까. 기업을 세우고 싶은데
라반을 이길 방법이 없습니다. 마지막 방법이 지금까지의 것은 다 라반
의 것이니까 건들지 않겠다는 겁니다. 지금부터 나오는 것만을 갖겠다
는 것입니다. 그런데 라반의 아들들이 점이 있거나 아롱지거나 검은 양
과 염소를 끌고 사흘 길을 가 버렸습니다. 왕복 일주일이어서 방문하기
도 어려운 길입니다. 기업을 세울 방법이 없는 겁니다.

또 잘못된 계약서에 도장을 찍은 겁니다. 그래서 양들이 물을 먹을
때 얼룩진 나뭇가지를 꽂으면 혹시 양들이 그것을 보고 아롱진 새끼를
낳지 않을까 기대했습니다. 그 방법밖에 없는 것 같았습니다.

나도 이런 때가 많았습니다. 지금은 고등학생들도 아르바이트를 하
는데 우리 때는 군대에 갔다 와야 취업을 할 수 있었습니다. 나는 고등
학교를 졸업했을 때 끼니를 걱정하는 것은 물론 차비가 없어서 걸어
다녀야 했습니다. 혹시 돈이 생겨도 동생을 챙기느라 나는 여전히 차비
가 없었습니다. 도무지 살아갈 방법이 없었습니다. 이러다 죽겠구나 싶
었습니다.

그러다 라디오를 들었습니다. 대학에 못 간다 하더라도 1년에 20권

의 책을 읽으면 대학생 수준의 교양을 쌓을 수 있다는 내용이 흘러나왔습니다. 그렇게 4년 동안 80권에서 100권을 읽으면 전공 분야는 없을지 몰라도 교양에서만큼은 대학 졸업자에 뒤지지 않는다고 했습니다. 그 말을 듣고 기자 출신인 아버지 덕분에 집에 책이 많은 것을 기억해 내고 그때부터 책을 읽기 시작했습니다. 그렇게라도 해야 살 것 같아서 책을 읽었습니다. 그렇지 않으면 미쳐 버릴 것 같아서 책을 읽었습니다.

그래서 나는 야곱의 마음을 알 것 같습니다. 어떻게 해서도 이길 수 없는 강적 라반을 만났으니 얼마나 답답했겠습니까. 야곱이 나무 하나하나를 꽂으면서 얼마나 간절히 기도했겠습니까. 하지만 아롱진 나뭇가지를 보고 아롱진 새끼가 나올 리 있겠습니까. 하나님이 하실 줄로 믿고 그렇게 한 것입니다. 야곱은 그렇게라도 해야 했습니다. 매번 라반에게 당하기만 해서 마지막으로 미친 짓이라도 해야겠다 하는데 이때부터 하나님이 일하시기 시작합니다. 하나님의 방법은 이렇듯 늘 놀랍습니다.

모세가 80세 노인이 되어 '아무것도 할 수 없다' 했을 때 '하라' 하시고, 혈기왕성한 40세 때는 오히려 도망가게 하셨습니다. 인간의 힘으로 뭔가 하려면 철저히 망가뜨리시지만, 모든 방법을 내려놓고 하나님밖에 없다고 매달리면 하나님이 일하심을 보여 주십니다. 우리 인간은 그때까지 몰려야 항복하는 존재입니다.

모세가 40년 동안 자신의 힘을 뺐듯이 야곱도 20년 동안 힘을 뺐습니다. 야곱은 사랑하는 아내와 자식으로 가문을 만들려 했으나 하나님은 이스라엘을 세울 가문을 만들고자 했습니다. 야곱의 가문이 아니라 하나님의 가문을 세우고자 하셨습니다. 열둘은 충만한 숫자입니다. 하나님의 충만한 지파를 만들기 위해 열두 자녀가 필요했던 것입니다.

야곱의 방법이 무너질 때까지 하나님은 기다리셨습니다. 야곱이 20년을 붙잡았으나 매번 라반에게 당하기만 하더니, 놓는 순간 하나님이 일하셔서 승리하게 하셨습니다. 붙잡은 것을 놓아야 하나님이 일하십니다.

나는 등산을 싫어합니다. 젊었을 때는 좋아했는데 건강이 나빠지면서 싫어졌습니다. 다른 운동은 하다가 힘들면 그만하면 되지만 등산은 한번 산에 오르면 그만둘 수가 없습니다. 올라간 만큼 내려와야 합니다. 그런데 올라갈 때보다 내려올 때가 더 힘듭니다. 그러니 너무 멀리 가지 마십시오. 너무 멀리 가면 돌아오는 데 힘이 듭니다. 하나님이 힘들게 해서가 아니라 내가 너무 멀리 갔기에 오는 길이 먼 것입니다.

기도는 내 힘으로 할 수 없다는 고백입니다. 하나님이 아니면 안 된다는 항복의 고백입니다. 야곱은 나뭇가지 하나하나에 하나님이면 안 된다는 고백을 담았습니다. 이 고백을 듣고 하나님이 일하셨습니다.

그런데 더 놀라운 것은, 라반이 사흘 길을 떠나서 하나님이 야곱에게 하신 일을 눈치 채지 못했다는 사실입니다. 라반의 아들들이 야곱 가까이에 있었다면 하나님이 하신 일을 진작에 알고 라반에게 보고했을 것입니다. 그랬다면 라반이 어떤 방해를 했을지 모릅니다.

하만이 모르드개를 죽이려다 도리어 자기가 교수형을 당한 것처럼. 라반이 야곱의 기업을 방해하려다가 오히려 하나님이 마음 놓고 기업을 세울 수 있도록 시간을 벌어 준 셈입니다. 하나님의 역전 펀치입니다.

밧담아람 19년째에 요셉을 낳았다면 어떻게 1년 사이에 그렇게 번성할 수 있었을까요? 어떤 품종의 양은 임신 기간이 150일에서 180일, 약 6개월이라고 합니다. 보통 양의 임신 기간은 147일에서 161일인데 한 배에서 한두 마리가 나오고 다산종일 경우는 세 마리에서 다섯 마리가 나온답니다. 그렇다면 1년에 두 번씩 임신할 수 있습니다.

라반이 암컷과 수컷을 각각 5천 마리씩 가지고 있었다면 두 번 낳으면 1만 마리가 됩니다. 그리고 각각 다섯 마리씩 낳았다면 5만 마리가 됩니다. 그러니 라반이 깜짝 놀랐을 것입니다. 점 있고 아롱진 양들을 모두 빼서 아들들에게 맡겨 멀리 보냈는데 순식간에 떼를 지어 있으니 얼마나 놀랐겠습니까. 하나님만이 이 놀라운 기적을 일으키실 수 있습니다. 하나님이 야곱의 기업을 이루셨습니다.

야곱은 자기 힘으로 결혼을 하고 자녀를 낳고 기업을 이루려 했지만 다 실패했습니다. 그러나 하나님이 하시니 놀라운 역사가 일어났습니다. 야곱은 이 사건을 통해 결혼도 자녀도 기업도 모두 하나님의 것임을 배웠을 것입니다.

주내힘교회는 두 명의 청년과 함께 개척을 했습니다.

보통 교회를 개척하려면 큰 교회에서 부목사를 하고 있다가 교회의 도움을 받아서 하는 것이 가장 좋은 방법입니다. 당시 나는 둘로스선교회의 대표를 맡고 있어서 선교회를 계속하려면 언젠가는 교회를 개척해야 된다는 것을 알고 있었습니다. 다만 그 시기와 방법을 기도하고 있었지만 청년 2명하고 어린이집을 무료로 빌려서 맨 땅에 헤딩하듯이 개척할 생각은 없었습니다.

나는 학부는 서울장로회신학교(통합)에서 공부했고 대학원은 합동신학대학원(합신)에서 공부했습니다. 그런 까닭에 대학원을 합동신학대학원으로 옮길 무렵에 합신 측에서 사역할 교회를 찾아야 했는데, 하필이면 IMF가 터지는 바람에 마땅한 사역지가 없었습니다. 더구나 IMF 직전에 둘째 아들이 태어나서 병원도 가야 하고 분유도 사야 해서 돈이 많이 들던 때였습니다. 정말이지 돈 한 푼 벌지 못한 채 하늘만 쳐다보던 때였습니다. 대학원 등록금도 문제지만 하루하루 끼니가 더 걱정이었습니다. 그때 아내는 이렇게 기도했다고 합니다.

"하나님, 쌀이 떨어지면 금식하라는 것으로 알겠습니다. 이제 태어난 아기만 먹을 수 있도록 도와주세요."

그런데 기적이 일어났습니다. 하나님이 매 끼니 해결해 주셔서 우리 식구는 단 한 끼도 굶은 적이 없었습니다. 하지만 그냥 놀고먹는 게 너무 죄송해서 개척이라도 해야 하는 게 아닌가 싶어 아내와 상의했습니다. 아내는 내가 기도해서 결정하면 그대로 따르겠다고 했습니다. 그래서 정말 심각하게 개척을 위해 기도했습니다.

"하나님, 저는 집에서 개척하기 싫습니다. 집이 어떤 때는 교회가 되었다가 어떤 때는 가정이 되는 정신없는 것이 싫습니다. 저도 옷을 입고 교회에 가고 싶습니다. 조그마한 장소를 주세요. 그리고 저는 성도를 양육하고 가르치고 싶습니다. 성도 한두 명만 주시면 개척하라는 뜻으로 알겠습니다."

이렇게 기도한 지 2주 만에 충신교회 권사님이 자신이 운영하는 어린이집을 주일에 무료로 빌려 주겠다고 하셨습니다. 그리고 그동안 연락이 없던 청년 두 명이 전화해서 아직 개척하지 않았느냐고 물었습니다. 그렇게 해서 어린이집을 빌려 청년 두 명과 함께 교회를 개척하게 되었습니다. 하지만 막상 개척하니 만만치 않았습니다.

나는 목회자가 말씀을 잘 준비하고 잘 가르치면 성도가 그것을 사모해서 교회에 모일 것이라고 생각했습니다. 하지만 현실은 그렇지 않았습니다. 어린이집에 와서 예배를 드리긴 하는데 등록은 하지 않는 겁니다. "말씀은 좋은데…" 하면서 성경공부만 가르쳐 달라고 했습니다.

그때 내가 가장 먼저 배운 것이, 내가 열심히 준비한 것이 얼마나 헛된 것인가입니다. 개척하기 전에 전도사 생활을 할 때였습니다. 청년들을 제자훈련 하고 성경공부 시키면서 청년회를 부흥시켰습니다. 그런데 한 자매가 같이 공부는 하는데 교회에 등록하지는 않아서 이유를 물었더니 그녀의 대답은 이랬습니다.

"저는 전도사님한테 제자훈련을 배우러 왔어요. 그리고 곧 유학을 가기 때문에 등록할 수가 없어요. 나중에 유학하고 돌아왔을 때 전도사님이 개척한 교회에 등록할게요."

이후 자매는 일본으로 유학을 갔고 한국에 올 때면 우리 가족과 만나 식사도 하고 교제도 나누었습니다. 자매는 내게 빨리 개척하라고 종용하곤 했습니다. 그래서 교회를 개척할 때 충성스런 이 자매가 유학을 마치고 돌아와 나를 도와주기를 기대했습니다. 마침내 유학을 마치고 자매가 한국에 돌아왔지만 유학 중에 만난 남자와 결혼해서 중국에 나가 살 것이라고 했습니다.

그때 나는 아주 작은 것이라도 하나님이 아닌 것을 의지할 때 하나님이 잘라 내신다는 걸 배웠습니다. 하나님은 철저히 내가 하나님만 의지하게 만드셨습니다. 교회는 내 힘과 능력으로 세워지는 것이 아니라 하나님이 만들어 가시는 것임을 알게 하셨습니다.

이후 교회가 성장해서 성도 수가 60여 명이 되었을 때 옥수동의 지하 2~3층에 세들게 되었습니다. 계단을 세 번 돌아서 내려갔는데 우리는 이 교회를 전쟁이 터져도 끄떡없는 벙커교회라고 불렀습니다. 어린이집을 빌려서 예배를 드리다가 우리만의 공간이 생기자 우리는 지하라도 정말 행복하게 예배를 드렸습니다.

그런데 문제가 생겼습니다. 성도들의 가정에 문제가 생기고 직장에 어려움이 생기고 몸이 아프고 사고가 나고 정신이 없었습니다. 예배를 드리고 성경공부를 해도 방법이 없었습니다. 그때 야곱이 버드나무와 살구나무와 신풍나무의 푸른 가지를 가져다가 물구유에 꽂은 말씀이 생각났습니다. 그래서 모든 샘터들(구역)을 내가 직접 인도하기 시작했습니다. 샘터지기(구역장)들이 있었지만 매일 샘터를 돌고 같이 예배하고 기도했습니다.

"하나님, 저는 방법이 없습니다. 하나님이 교회 식구들을 지켜 주셔야 합니다. 하나님, 신풍나무와 살구나무를 꽂겠습니다. 교회 식구들과 함께 주님의 긍휼을 구하는 기도를 하겠습니다. 제가 할 수 있는 것은 성도와 함께 기도하는 것밖에 없습니다. 하나님이 저의 목회의 주인이십니다. 하나님이 돕지 않으신다면 저는 아무것도 할 수가 없습니다."

그런데 놀랍게도 순식간에 성도들에게 닥친 문제들이 해결되고 교회가 안정되었습니다. 또 배운 것입니다. 내 힘이 아니라 주님을 의지하는 것이 힘이라는 것을 말입니다.

그래서 나는 야곱의 삶과 마주하면 눈물이 납니다. 내 삶과 닮았기 때문에 눈물이 나고 그를 통해 포기하지 않는 용기를 얻으니 눈물이 납니다. 야곱은 신풍나무를 꽂으면서 양을 얻은 게 아닙니다. 살아 계신 하나님을 얻은 것입니다.

야곱의 인생에서 가장 감사한 일은, 자기 힘으로 두 떼의 양을 만든 일이 아니라 하나님의 도우심으로 두 떼의 양을 만들었다고 고백할 수 있는 것입니다. 그것이 은혜입니다. 우리도 이 고백을 하기까지 인생의 험난한 길을 걸어야 합니다.

그러므로 안 된다고 낙담하지 마십시오. 하나님 앞에 신풍나뭇가지를 꽂으십시오. 내가 할 수 있는 건 기도하는 것밖에 없으니 나를 도와 달라고 기도하십시오. 물고기 두 마리와 보리떡 다섯 개밖에 없어서 이것으로 무엇을 할까 하는데 예수님이 축사하시자 그것으로 5천 명을 먹이고도 남았습니다. 나는 할 수 없으나 하나님은 하십니다.

야곱의 기업은 하나님이 세우십니다. 우리의 기업도 하나님이 세우십니다. 나의 머리와 재능과 힘으로 된 것이 아닙니다. 하나님 앞에서 "나는 하지 못합니다" 하면서 나뭇가지를 꽂는 것이 신앙입니다. 야곱처럼 "하나님이 하셨습니다" 하고 고백하고 자랑하는 하나님의 사람이 되기를 바랍니다.

선택받은 자는 결국 다른 선택을 한다

밧단아람에서 야곱의 가장 큰 이슈는 "나는 언제나 내 집을 세우리이까"입니다. 이제 야곱이 라반을 떠나는 과정에서 그가 어떤 고민을 했고 어떻게 해서 아내들이 야곱과 합쳐서 자기 아버지를 버리고 도망가게 되었는가 하는 이야기를 보게 될 것입니다.

> **야곱이 라반의 아들들이 하는 말을 들은즉 야곱이 우리 아버지의 소유를 다 빼앗고 우리 아버지의 소유로 말미암아 이 모든 재물을 모았다 하는지라**(창 31:1)

야곱과 라반의 아들들은 남이 아닙니다. 처남과 매부 사이입니다. 그런데 야곱은 '라반의 아들'이라고 부릅니다. 그들 사이에 가족애가 없음을 시사합니다. 그들이 말하기를 야곱이 라반의 소유를 빼앗았다고 합니다. 거짓말입니다. 야곱은 라반의 것을 빼앗은 적이 없습니다. 하나님이 아롱지고 점 있는 양들을 많이 낳게 하셔서 풍족해졌을 뿐입니다. 야곱이 부자가 되었다고 라반이 가난해진 것은 아닙니다. 라반은 여전히 부요합니다. 그런데 그들은 다 빼앗겼다고 말합니다. 라반과 그의 가문이 야곱에 대해 느끼는 감정이 어떤 것인지를 알 수 있습니다.

이런 게 사람입니다. 야곱으로 인해 하나님의 축복을 넘치게 받은 줄은 생각도 않고 야곱의 소유가 되니까 자기 것을 빼앗긴 것처럼 억울해합니다. 이게 세상입니다. 세상은 철저히 자기중심적입니다. 남이 소유해선 안 되고 내가 소유해야 기분이 좋습니다.

> 야곱이 라반의 안색을 본즉 자기에게 대하여 전과 같지 아니하더
> 라(창 31:2)

라반은 지금까지 야곱을 잘 이용했는데 이제는 그럴 수 없음을 알게 되었습니다. 예전엔 야곱을 손아귀에 쥐고 다룰 수 있었는데 야곱이 변한 겁니다. 그러자 둘 사이에 긴장과 적대감이 흐르기 시작했습니다.

> 여호와께서 야곱에게 이르시되 네 조상의 땅 네 족속에게로 돌아
> 가라 내가 너와 함께 있으리라 하신지라(창 31:3)

만약 그 옛날에 야곱이 하나님께서 생명의 주관자이심을 알고 이삭을 속이지도 않고 그 땅을 떠나지도 않았다면 어떻게 되었을까요? 밧단아람에서 20년간 고생하는 동안에 야곱은 달라졌습니다. 그는 이제 자기가 고안한 인간적인 방법으로 도망가지 않습니다. 하나님이 네 족속에게 돌아가라 하시자 마침내 움직이기 시작합니다.

"내가 평안히 아버지 집으로 돌아가게 하시오면 여호와께서 나의 하나님이 되실 것이요"(창 28:21)라고 고백한 지 20년이 지나서야 하나님이 그에게 말씀하실 때까지 기다리는 법을 배웠습니다. 그리고 하나님의 말씀에 반응하는 법을 배웠습니다. 신앙이 자란 것입니다. 야곱은 그동안 조금씩 자라고 있었던 것입니다.

라반을 보면 겁이 나서 벌써 꾀를 내어 도망갈 궁리를 했을 텐데 야곱은 하나님이 말씀하실 때까지 견디는 힘이 생겼습니다. 환난은 인내

를 낳고 인내는 연단을 만들어 냅니다. 하나님 앞에서 신앙이 자랄 때 꼭 배우는 것이 있는데 그것은 바로 기다리는 법입니다. 기다림은 믿음이 있어야 가능합니다. 하나님이 계신다는 믿음, 하나님이 나를 만들고 있다는 믿음, 하나님이 내 상황을 역전시킬 수 있다는 믿음이 있어야 견디는 힘이 생깁니다. 감정이나 상황에 따라 움직이지 말고 하나님의 때를 기다리시기 바랍니다.

> 야곱이 사람을 보내어 라헬과 레아를 자기 양 떼가 있는 들로 불러
> 다가(창 31:4)

라헬의 이름이 앞에 나오는 것으로 보아 여전히 라헬이 기득권을 쥐고 있음을 알 수 있습니다. 출애굽기에 보면 처음에는 아론과 모세로 나오다가 모세가 하나님의 부르심을 입고 나서부터는 모세와 아론으로 나옵니다. 사도행전에도 보면 바나바와 바울이라고 하다가 전도여행에서 헤어지고 나서부터는 바울과 바나바로 순서가 바뀝니다. 어떤 사람의 지위가 더 높다는 뜻이 아니라 하나님이 누구를 통해서 일하시는지를 보여 주는 겁니다. 주도권과 기득권이 늘 다투는데, 라헬이 여전히 우세한 것입니다.

> 그들에게 이르되 내가 그대들의 아버지의 안색을 본즉 내게 대하
> 여 전과 같지 아니하도다 그러할지라도 내 아버지의 하나님은 나
> 와 함께 계셨느니라(창 31:5)

야곱이 아내들을 설득하는 장면입니다. 집을 떠나서 너희 아버지를 버리고 나를 따르라고 설득합니다.

> 그대들도 알거니와 내가 힘을 다하여 그대들의 아버지를 섬겼거늘 그대들의 아버지가 나를 속여 품삯을 열 번이나 변경하였느니라 그러나 하나님이 그를 막으사 나를 해치지 못하게 하셨으며 그가 이르기를 점 있는 것이 네 삯이 되리라 하면 온 양 떼가 낳은 것이 점 있는 것이요 또 얼룩무늬 있는 것이 네 삯이 되리라 하면 온 양 떼가 낳은 것이 얼룩무늬 있는 것이니 하나님이 이같이 그대들의 아버지의 가축을 **빼앗아** 내게 주셨느니라 (창 31:6-9)

라반이 가능한 모든 수를 다 동원해서 야곱을 실족시켰으나 하나님이 지키셔서 재물을 얻게 해 주었다고 말하고 있습니다. 만일 하나님이 지키시지 않았다면 야곱 자신은 평생 노예로 살며 만신창이가 되었을 것이라고 말하고 있는 것입니다.

> 오늘 내가 외삼촌의 양 떼에 두루 다니며 그 양 중에 아롱진 것과 점 있는 것과 검은 것을 가려내며 또 염소 중에 점 있는 것과 아롱진 것을 가려내리니 이같은 것이 내 품삯이 되리이다 … 라반이 이르되 내가 네 말대로 하리라 하고 그 날에 그가 숫염소 중 얼룩무늬 있는 것과 점 있는 것을 가리고 암염소 중 흰 바탕에 아롱진 것과 점 있는 것을 가리고 양 중의 검은 것들을 가려 자기 아들들의

손에 맡기고 자기와 야곱의 사이를 사흘 길이 뜨게 하였고 야곱은
라반의 남은 양 떼를 치니라(창 30:32-36)

30장과 31장이 다릅니다.

그가 이르기를 점 있는 것이 네 삯이 되리라 하면 온 양 떼가 낳은
것이 점 있는 것이요 또 얼룩무늬 있는 것이 네 삯이 되리라 하면
온 양 떼가 낳은 것이 얼룩무늬 있는 것이니 하나님이 이같이 그대
들의 아버지의 가축을 빼앗아 내게 주셨느니라(창 31:8-9)

하나님이 점 있는 것, 아롱진 것을 낳게 하시는데 왜 바꿉니까? 사업
에서 대박을 내고 있는데 그걸 왜 접고 다른 것을 합니까? 야곱이 부유
하게 되니까 라반이 바꾼 겁니다. 라반이 야곱을 최대한 부려먹고 최소
한 주고 싶어서 될 만하면 바뀌 버린 겁니다. 야곱의 삶은 왜 이렇게 고
단할까요? 하나님을 만나서 하나님의 약속을 받았으면 형통해야 하는
데 왜 이렇게 하는 일마다 꼬이는 겁니까?

어느 명절에, 어떤 성도가 가족 모임에 가고 싶지 않다고 하더군요.
이유를 물으니, 예수를 믿는 자기네보다 예수를 믿지 않는 다른 가족이
훨씬 더 잘살아서 부끄럽다는 겁니다. "예수님 믿고 교회 다녀 봐. 복
받을 거야" 하고 말하고 싶은데 오히려 예수 믿는 자기네 가정이 불쌍
한 처지라는 겁니다.

그런데 물질의 축복을 많이 받으면 하나님이 증명될까요? 물질이

있을 때나 없을 때나 예수를 믿는 기쁨은 똑같습니다. 물질의 복이 아니라 예수를 따르는 우리 삶을 통해 하나님의 영광이 드러나야 합니다. 그래서 고난이 있을 때 잘 살아야 합니다. 우리의 고된 삶을 통해 하나님이 하신 일이 드러나야 합니다.

라반의 집에서 야곱의 삶은 참으로 고단했고 그만큼 치열했습니다. 그런데도 야곱은 그 모든 과정을 하나님이 하셨다고 고백합니다. 내가 했다고 하지 않습니다. 더구나 아내들이 야곱의 고백을 인정해 주었습니다. 이것이 그리스도인의 삶입니다. 그리스도인은 세상 사람들처럼 내가 이렇게 했더니 저렇게 잘됐다고 자랑하지 않습니다. 오직 하나님만 자랑합니다.

창세기 14장에서 엘람 왕 그돌라오멜이 소돔과 고모라를 쳐서 백성들을 사로잡아 가자 아브라함이 이들을 구출했다는 이야기가 나옵니다. 아브라함이 죽음을 무릅쓰고 부녀와 친척을 구출한 것은 그 무리에 조카 롯이 있었기 때문입니다.

> 살렘 왕 멜기세덱이 떡과 포도주를 가지고 나왔으니 그는 지극히 높으신 하나님의 제사장이었더라 그가 아브람에게 축복하여 이르되 천지의 주재이시요 지극히 높으신 하나님이여 아브람에게 복을 주옵소서 너희 대적을 네 손에 붙이신 지극히 높으신 하나님을 찬송할지로다 하매 아브람이 그 얻은 것에서 십분의 일을 멜기세덱에게 주었더라 소돔 왕이 아브람에게 이르되 사람은 내게 보내고 물품은 네가 가지라 아브람이 소돔 왕에게 이르되 천지의 주재

이시요 지극히 높으신 하나님 여호와께 내가 손을 들어 맹세하노
니 네 말이 내가 아브람으로 치부하게 하였다 할까 하여 네게 속한
것은 실 한 오라기나 들메끈 한 가닥도 내가 가지지 아니하리라(창
14:18-23)

소돔 왕이 사람은 주고 전리품은 챙겨 가라고 하자 아브라함은 싫다
고 합니다. 그토록 영웅적인 행동을 하고도 전리품으로 실 한 오라기도
챙기지 않은 것입니다. 그것은 이 전리품들 때문에 아브라함이 부자가
되었다는 소리를 듣고 싶지 않아서입니다. 아브라함이 부자가 되었다
면 하나님 때문이라는 소리를 들어야 하기 때문입니다. 이것은 그의 인
생이 하나님의 것임을 믿음으로 고백한 것입니다.

그런데 야곱에게는 아브라함과 같은 고백이 아직 없습니다. 야곱은
하나님을 벧엘에서 만났지만 여전히 자신의 수단과 방법을 가지고 잘
되게 하려고 합니다. 그러나 하나님은 똑똑한 야곱을 원하시는 게 아닙
니다. 아브라함처럼 그의 인생이 하나님의 것임을 고백하는 야곱을 원
하십니다. 그래서 하나님은 야곱보다 더 똑똑하고 세상적인 라반을 통
해 야곱을 다루십니다. 야곱의 방법으로는 성공하지 못하게 하십니다.
그리고 마침내 야곱에게서 '하나님이 하셨다'는 고백을 받아 내십니다.

'하나님이 하셨다'는 고백에는 두 가지가 있습니다. 아브라함처럼
"그냥 하겠습니다" 하는 고백이 있고 야곱처럼 끝까지 내가 하다가 안
되니까 결국 "하나님이 하셨구나" 하는 고백이 있습니다. 물론 어느 고
백이든 하나님은 우리가 손해 보지 않게 하십니다. 다만 야곱과 같은

고백은 한참을 돌아서야 길을 찾게 된다는 점을 기억하시기 바랍니다.

야곱이 '하나님께서 하셨다'고 고백하자, 드디어 떠날 때가 되었습니다. 이 고백이 나오지 않았다면 떠날 수 없었을 것입니다.

> 하나님이 이같이 그대들의 아버지의 가축을 빼앗아 내게 주셨느
> 니라(창 31:9)

하나님이 우리를 구원하셨다는 것은 마귀의 손에서 우리를 빼앗아 냈다는 의미입니다. 그러므로 우리는 이 고백을 할 수밖에 없습니다. '내가 잔머리를 굴릴 때마다 더 크게 당하기만 했으나 하나님이 결국 빼앗아 내게 주셨다'라고 고백할 수밖에 없습니다.

> 그 양 떼가 새끼 밸 때에 내가 꿈에 눈을 들어 보니 양 떼를 탄 숫
> 양은 다 얼룩무늬 있는 것과 점 있는 것과 아롱진 것이었더라(창
> 31:10)

이것은 "오늘 내가 외삼촌의 양 떼에 두루 다니며 그 양 중에 아롱진 것과 점 있는 것과 검은 것을 가려내며 또 염소 중에 점 있는 것과 아롱진 것을 가려내리니 이 같은 것이 내 품삯이 되리이다"(창 30:32) 한 것을 하나님이 들으시고 도와주신 것입니다. 야곱이 버드나무와 살구나무와 신풍나무를 가지고 머리를 써서 양 떼를 얻은 게 아닙니다. 하나님께서 야곱이 라반에게 당한 것을 아시고 얼룩무늬 있는 것과 점

있는 것과 아롱진 것을 주신 것입니다. 정리하면, 30장 32절에서 야곱과 라반이 품삯을 정하는 계약을 합니다. 야곱의 억울함을 아시는 하나님께서 31장 10절에서 야곱에게 꿈으로 하나님이 하신 일을 보여 주십니다. 야곱이 하나님의 사자의 말을 듣고 그것이 하나님이 하신 일임을 알게 됩니다.

> 꿈에 하나님의 사자가 내게 말씀하시기를 야곱아 하기로 내가 대답하기를 여기 있나이다 하매 이르시되 네 눈을 들어 보라 양 떼를 탄 숫양은 다 얼룩무늬 있는 것, 점 있는 것과 아롱진 것이니라 라반이 네게 행한 모든 것을 내가 보았노라(창 31:11-12)

라반이 강탈한 것을 하나님이 찾아 주셨습니다.

> 나는 벧엘의 하나님이라 네가 거기서 기둥에 기름을 붓고 거기서 내게 서원하였으니 지금 일어나 이곳을 떠나서 네 출생지로 돌아가라 하셨느니라(창 31:13)

하나님이 20년 전에 야곱이 한 서원을 하나도 빠짐없이 기억하고 계십니다. 벧엘의 하나님은 벧엘에만 계십니까? 아닙니다. 하나님은 모든 곳에 계십니다. 벧엘의 하나님이라고 한 것은 야곱이 벧엘에서 하나님을 만났기 때문입니다. 사람마다 하나님을 깊이 체험한 장소가 있습니다. 이삭은 브엘세바이고 야곱은 벧엘입니다. 하나님이 야곱에게 벧엘에서 한 언약을 상기시키며 이제 약속을 이룰 때라고 알려 주십니다.

세상 사람들은 재물과 명예만 얻기를 바랍니다. 그러나 야곱은 재물만 얻은 게 아니라 하나님을 얻었습니다. 벧엘에서 한 서원을 잊지 않고 이제 약속을 이루시겠다는 하나님을 알면, 감사밖에 할 말이 없습니다. 그때부터 지금까지 하나님이 함께하셨음을, 하나님이 이루셨음을 고백할 수밖에 없습니다. 벧엘에서부터 지금까지 하나님이 야곱을 보셨고 지키셨고 함께하셨다는 것이 야곱에게는 가장 큰 상급입니다.

아브라함에게 하신 말씀이 그것 아닙니까.

> 이후에 여호와의 말씀이 환상 중에 아브람에게 임하여 이르시되 아브람아 두려워하지 말라 나는 네 방패요 너의 지극히 큰 상급이니라(창 15:1)

"하나님이 상급이라, 하나님이 방패라, 하나님을 얻은 것이 복이다"라는 고백이 방법은 달라도 아브라함과 야곱에게 있는 것입니다.

> 라헬과 레아가 그에게 대답하여 이르되 우리가 우리 아버지 집에서 무슨 분깃이나 유산이 있으리요 아버지가 우리를 팔고 우리의 돈을 다 먹어 버렸으니 아버지가 우리를 외국인처럼 여기는 것이 아닌가 하나님이 우리 아버지에게서 취하여 가신 재물은 우리와 우리 자식의 것이니 이제 하나님이 당신에게 이르신 일을 다 준행하라(창 31:14-16)

라헬이 여전히 앞섭니다. 라헬과 레아가 야곱을 좇아가는 것은 좋은데 말이 무례합니다. 그래도 자기 아버지인데 매우 적대적으로 표현합니다.

첫 번째 고백은, 진정한 유업은 라반이 아니라 남편 야곱의 집에 있다고 한 것입니다. 리브가가 했던 고백과 동일합니다.

> 그 사람이 그들에게 이르되 나를 만류하지 마소서 여호와께서 내게 형통한 길을 주셨으니 나를 보내어 내 주인에게로 돌아가게 하소서 그들이 이르되 우리가 소녀를 불러 그에게 물으리라 하고 리브가를 불러 그에게 이르되 네가 이 사람과 함께 가려느냐 그가 대답하되 가겠나이다(창 24:56-58)

리브가는 아브라함과 같은 고백을 했습니다. 본토 친척 아비의 집을 떠나라 하실 때 아브라함이 즉각 순종한 것처럼 리브가도 즉각 순종하고 집을 나섰습니다. 이에 비해 라헬과 레아는 말이 많습니다. 리브가와 달리 세속적인 표현을 굉장히 많이 합니다.

하지만 본질은 동일합니다. 이삭의 초청에 리브가가 반응했던 것처럼 야곱의 하나님이 주신 분깃 안에 자기들의 분깃이 있다는 라헬과 레아의 고백은 같습니다. 세속적이든 아니든 자기들의 기업이 어디에 있는지를 아는 것이 중요합니다.

룻기를 보십시오.

있던 곳에서 나오고 두 며느리도 그와 함께하여 유다 땅으로 돌아오려고 길을 가다가 … 나오미가 이르되 내 딸들아 돌아가라 너희가 어찌 나와 함께 가려느냐 내 태중에 너희의 남편 될 아들들이 아직 있느냐 … 그들이 소리를 높여 다시 울더니 오르바는 그의 시어머니에게 입 맞추되 룻은 그를 붙좇았더라 나오미가 또 이르되 보라 네 동서는 그의 백성과 그의 신들에게로 돌아가나니 너도 너의 동서를 따라 돌아가라 하니 룻이 이르되 내게 어머니를 떠나며 어머니를 따르지 말고 돌아가라 강권하지 마옵소서 어머니께서 가시는 곳에 나도 가고 어머니께서 머무시는 곳에서 나도 머물겠나이다 어머니의 백성이 나의 백성이 되고 어머니의 하나님이 나의 하나님이 되시리니(룻 1:7-16)

오르바도 룻처럼 선하고 착한 여인입니다. 도중에 나오미가 돌아가라고 하니까 둘 다 같이 가겠다고 했습니다. 예의상 그런 게 아니라 진심으로 따르겠다고 한 것입니다. 그러자 나오미가 당면한 현실을 직시할 것을 요구합니다. 나는 더 이상 자식을 낳을 수도 없고 망했다, 그러니 고향으로 돌아가 살 길을 찾으라고 충고한 것입니다. 그러자 오르바는 고향으로 돌아가고 룻은 어머니의 하나님이 나의 하나님이라면서 끝까지 남습니다.

기업은 당시 사람들에게 희망이요 소망이었습니다. 그리고 고향에 가야 기업을 주장할 수 있습니다. 룻이 어머니의 하나님이 나의 하나님이고 어머니의 백성이 나의 백성이라고 한 것은, 자기 나라에서 기업을 갖지 않겠다고 한 것입니다. 방글라데시 사람이 한국이 나의 나라이고 한국 사람이 나의 동족이라고 한다고 해서 그를 한국인으로 여겨 주지 않습니다. 룻은 이스라엘 사람들이 자기를 인정하건 안 하건 이스라엘에서 살다가 죽겠다고 한 것입니다. 기업의 문제에서 룻과 오르바의 선택이 갈라졌으나, 하나님은 룻을 통해 예수님의 조상을 이어가셨습니다.

라헬과 레아는 그동안 남편과 자녀의 주도권을 두고 치열하게 싸웠으나, 둘 다 남편에게 기업이 있으며 그를 따르겠다고 고백하고 있습니다. 그들이 이렇게 고백할 수 있는 것은, 그들이 하나님이 택한 자라서 그렇습니다. 하나님의 은혜와 부르심을 입은 자는 기업을 세상에 두지 않고 약속의 땅에 둡니다.

믿는 자에게는 하나님에 대한 두려움이 있습니다. "싫어요, 하나님. 내가 그걸 왜 해요?" 하면서도 어쨌든 합니다. 하나님을 두려워하는 마음이 순종하게 하는 것입니다. 벼락 맞을까 두려워서 그랬든 열정 때문에 그랬든, 믿는 사람은 하나님을 두려워합니다.

우리 교회 성도 중에서 평생 새벽기도를 하며 자녀를 키운 어머니가 있습니다. 어머니는 항상 자녀에게 이렇게 가르쳤습니다.

"목사님 눈에 눈물이 나면 네 눈에서는 피눈물이 난다."

목사 눈에 눈물 나게 했다고 하나님께서 피눈물 나게 하시는 분이겠습니까? 아니지요. 우리 하나님은 그런 분이 아닙니다. 그럼에도 목사 눈에 눈물 나게 해선 안 된다는 두려움은 그에게 유익이 됩니다. 하나님 앞에서 함부로 말하기를 삼가고 비판할 일이 있어도 하나님께서 일하실 줄로 믿고 맡기는 법을 배우기 때문입니다. 주일에 스키 타러 갔는데 왠지 찝찝하다면, 하늘에 소망을 두었기 때문입니다. 물론 주일에 예배를 드려야 마땅하겠지만, 이렇게 마음에 꺼리는 것 자체가 하나님의 택함 받은 백성이기 때문인 것입니다.

> 하나님이 우리 아버지에게서 취하여 가신 재물은 우리와 우리 자식의 것이니 이제 하나님이 당신에게 이르신 일을 다 준행하라 야곱이 일어나 자식들과 아내들을 낙타들에게 태우고 그 모은 바 모든 가축과 모든 소유물 곧 그가 밧단아람에서 모은 가축을 이끌고 가나안 땅에 있는 그의 아버지 이삭에게로 가려 할새 그때에 라반이 양털을 깎으러 갔으므로 라헬은 그의 아버지의 드라빔을 도둑질하고 (창 31:16-19)

유목민들에게 가장 중요한 일 중 하나가 양털을 깎는 일입니다. 농사짓는 사람들에게 추수 때가 가장 중요한 것처럼 말입니다. 양은 사람들에게 고기도 내어 주지만 양털을 내어 주어 추위를 이기게도 합니다. 양털을 깎을 때는 보통 300명에서 400명가량이 동원됩니다. 양털 깎는 기간은 보통 3~4일 걸립니다. 주로 낮에는 양털을 깎고 저녁에는 먹고 마시면서 축제도 합니다. 양털 깎는 기간은 마음이 한껏 풍요로워지고 너그러워지는 때입니다. 야곱은 양털 깎는 축제 기간을 디데이로 잡았습니다.

드라빔은 우상입니다. 문자적으로는 수호신입니다. 가정의 수호신이며 경우에 따라선 재산의 상속권을 인정하는 인감도장 같은 역할을 합니다. 집안의 가장이 소유하는 것으로, 가장의 권위를 상징하는 것이기도 합니다. 드라빔을 챙긴 라헬을 볼 때 아직 하나님을 깊게 만나지 못한 상태임을 알 수 있습니다.

라헬이 기업이 야곱에게 있음을 인정하고 따라나서기로 했지만 믿음이 성숙된 것은 아니었습니다. 그 안에 아직 세상적인 것들이 섞여 있는 성화의 과정에 있는 것입니다.

덮어 주시는 하나님의 은혜

야곱은 그 거취를 아람 사람 라반에게 말하지 아니하고 가만히 떠났더라 그가 그의 모든 소유를 이끌고 강을 건너 길르앗 산을 향하여 도망한 지 삼 일 만에 야곱이 도망한 것이 라반에게 들린지라 라반이 그의 형제를 거느리고 칠 일 길을 쫓아가 길르앗 산에서 그에게 이르렀더니(창 31:20-23)

밧단아람에서 가나안까지 가려면 아이들도 있고, 양 떼도 있으니 하루에 최대한 몇 킬로미터나 걸을 수 있을까요? 적군의 추격을 완전히 벗어나는 거리가 3일 길인데, 야곱의 가족은 그보다 더 오래 걸렸을 것입니다. 라반이 기마대를 뽑아서 먼지 나게 쫓았습니다. 야곱의 가족이 하루 평균 48킬로미터를 걷는다면, 라반은 70킬로미터 정도로 매우 빠르게 추격한 것입니다. 장인이 사위를 죽이겠다고 7일을 쫓아오고, 사위는 살겠다고 애들과 도망치는 상황입니다.

> 밤에 하나님이 아람 사람 라반에게 현몽하여 이르시되 너는 삼가 야곱에게 선악간에 말하지 말라 하셨더라"(창 31:24)

그런 라반에게 하나님이 나타나셨습니다. 좋은 말이든 나쁜 말이든 아무 말도 하지 말라고 하셨습니다. 하나님이 막으신 겁니다.

> 라반이 야곱을 뒤쫓아 이르렀으니 야곱이 그 산에 장막을 친지라 라반이 그 형제와 더불어 길르앗 산에 장막을 치고 라반이 야곱에게 이르되 네가 나를 속이고 내 딸들을 칼에 사로잡힌 자같이 끌고 갔으니 어찌 이같이 하였느냐(창 31:25-26)

라반이 칼을 들고 7일을 쫓아왔는데 하나님이 아무 말도 하지 말라고 하시니 라반의 입장에서는 멋쩍습니다. 어떻게 처단할지 별 생각을 다 하면서 왔을 텐데 하나님이 막으시니 아무 말도 할 수가 없습니다. 그래서 왜 내 딸들을 전쟁 포로처럼 끌고 가느냐고 힐난합니다.

> 내가 즐거움과 노래와 북과 수금으로 너를 보내겠거늘 어찌하여 네가 나를 속이고 가만히 도망하고 내게 알리지 아니하였으며 내가 내 손자들과 딸들에게 입 맞추지 못하게 하였으니 네 행위가 참

으로 어리석도다 (창 31:27-28)

고대 근동에서는 장거리 여행을 떠나는 사람들에게 북과 수금으로 노래를 불러 주며 즐겁게 보내는 풍습이 있었습니다. 사위가 고향으로 돌아간다는데 설마 그냥 보내겠는가, 잔치라도 열어 주었을 것이라고 라반이 말하는 것입니다. 진심이겠습니까? 칼을 들고 눈이 벌게져서 쫓아온 사람이 그렇게 말하니 얼마나 황당합니까.

하나님은 라반이 야곱에게 복수하는 것을 금하셨습니다. 야곱을 보호하신 것입니다. 누군가가 나를 격동시킬 때 기도하십시오. 다른 것으로 해결점을 찾지 마십시오. 라반의 입을 막으시는 하나님입니다. 멋쩍은 라반이 끝내 밤새 있었던 일을 실토합니다.

너를 해할 만한 능력이 내 손에 있으나 너희 아버지의 하나님이 어제 밤에 내게 말씀하시기를 너는 삼가 야곱에게 선악간에 말하지 말라 하셨느니라 (창 31:29)

하나님이 말하지 말라고 하신 절대 명령을 라반은 약한 경고형으로 바꾸었습니다. 하나님이 그렇게 말씀하시지 않았어도 자기도 그럴 마음이 있었다는 것입니다. 자존심 때문에 그렇게 말한 것입니다. 라반이 억울한 마음에 하나님의 명령을 털어놓았는데, 결국은 야곱에게 가르쳐 준 것이 있습니다. 바로 이 모든 것을 하나님이 하셨다는 사실입니다. 결론은 하나님의 손에 달려 있음을 배우게 한 것입니다. 라반이 그냥 입을 다물었다면 야곱이 장인이 갑자기 훌륭해졌나 보다 생각했을 지도 모르는데, 멋쩍은 마음에 내뱉은 말이 오히려 하나님을 높이는 말이 되었습니다.

> 이제 네가 네 아버지 집을 사모하여 돌아가려는 것은 옳거니와 어찌 내 신을 도둑질하였느냐(창 31:30)

그러다 문득 드라빔 문제를 꺼냅니다. 긴장 관계가 바뀌었습니다. 고향으로 돌아가려는 것은 인정하지만 드라빔 문제는 해결하고 가야 한다는 것입니다. 건수를 잡은 겁니다. 살기등등하여 쫓아갔지만 하나님이 막으시니 어쩔 수 없게 되었습니다. 그러나 드라빔이라는 명분이 남아 있는 것입니다. 그것은 하나님 앞에서도 정당한 요구입니다.

> 야곱이 라반에게 대답하여 이르되 내가 생각하기를 외삼촌이 외삼촌의 딸들을 내게서 억지로 빼앗으리라 하여 두려워하였음이니이다 외삼촌의 신을 누구에게서 찾든지 그는 살지 못할 것이요 우리 형제들 앞에서 무엇이든지 외삼촌의 것이 발견되거든 외삼촌에게로 가져가소서 하니 야곱은 라헬이 그것을 도둑질한 줄을 알지 못함이었더라(창 31:31-32)

야곱이 만약에 드라빔을 찾아낸다면 자기가 드라빔을 숨긴 자를 죽이겠다고 큰소리를 칩니다. 드라빔을 숨긴 것이 라헬인 줄은 꿈에도 모르는 상황입니다.

> 라반이 야곱의 장막에 들어가고 레아의 장막에 들어가고 두 여종
> 의 장막에 들어갔으나 찾지 못하고 레아의 장막에서 나와 라헬의
> 장막에 들어가매 라헬이 그 드라빔을 가져 낙타 안장 아래에 넣고
> 그 위에 앉은지라 라반이 그 장막에서 찾다가 찾아내지 못하매 라
> 헬이 그의 아버지에게 이르되 마침 생리가 있어 일어나서 영접할
> 수 없사오니 내 주는 노하지 마소서 하니라 라반이 그 드라빔을 두
> 루 찾다가 찾아내지 못한지라 (창 31:33-35)

라반이 야곱의 장막을 샅샅이 수색합니다. 그러다 라헬의 장막까지
왔는데 그 순간 라헬이 기지를 발휘합니다. 고대 근동에서 월경 중에
있는 여자와 접촉하는 것은 금기사항이었습니다. 레위기에도 월경은
부정한 것으로 분류되어, 부정한 자를 만지면 부정해진다고 했습니다.
또 당시에 드라빔을 감히 생리 중에 깔고 앉았다고는 상상도 할 수 없
었습니다. 부정한 중에 신을 깔고 앉다니 말이 안 되는 것입니다. 그래
서 라반은 라헬의 말을 곧이곧대로 받아들입니다. 라헬은 굉장히 대담
한 여자입니다. 생리 중이 아니었더라도 어떻게 신을 깔고 앉을 생각을
합니까.

> 야곱이 노하여 라반을 책망할새 야곱이 라반에게 대답하여 이르
> 되 내 허물이 무엇이니이까 무슨 죄가 있기에 외삼촌께서 내 뒤를

급히 추격하나이까 외삼촌께서 내 물건을 다 뒤져보셨으니 외삼
촌의 집안 물건 중에서 무엇을 찾아내었나이까 여기 내 형제와 외
삼촌의 형제 앞에 그것을 두고 우리 둘 사이에 판단하게 하소서(창
31:36-37)

문제가 해결되니까 그동안 참았던 분을 다 퍼붓습니다. 하나님이 자
기와 함께하신다고 생각하니 할 말을 다할 수 있습니다. 자신은 떳떳하
다는 것입니다.

내가 이 이십 년을 외삼촌과 함께하였거니와 외삼촌의 암양들이
나 암염소들이 낙태하지 아니하였고 또 외삼촌의 양 떼의 숫양을
내가 먹지 아니하였으며 물려 찢긴 것은 내가 외삼촌에게로 가져
가지 아니하고 낮에 도둑을 맞았든지 밤에 도둑을 맞았든지 외삼
촌이 그것을 내 손에서 찾았으므로(창 31:38-39)

양을 칠 때 목자는 양을 먹을 수 있는 특권이 있습니다. 그런데 야곱
은 그것뿐만이 아니라 양이 물려 죽었든 찢겨 죽었든 고스란히 자기
몫에서 물어내야 했습니다. 정말 무서운 장인을 만나서 치열하게 살아
온 것입니다.

그런데 야곱이 내가 뭘 잘못했느냐고 따지는 상황에서 라헬이 숨겨
두었던 드라빔이 툭 떨어지기라도 했다면 어떤 일이 벌어졌을까요? 아
마도 라반이 칼을 뽑았을 것입니다. 라헬을 죽이거나 양 떼의 절반을

달라고 거래를 했겠지요. 여기서 기억해야 할 것이 무엇인지 아십니까? 하나님이 야곱을 가려 주셨다는 것입니다. 야곱이 잘나서 떳떳한 게 아닙니다. 드라빔이 들통 나면 야곱은 여지없이 무너지게 되어 있습니다. 하나님이 가려 주신 것입니다.

은혜가 뭔지 아십니까? 하나님이 덮어 주시는 겁니다. 이게 우리입니다. 신앙의 정당성과 자기 의를 가지고 함부로 말해서는 안 되는 이유입니다. 하나님이 가려 주시지 않으면 당장에 박살이 날 인생들입니다.

사람의 행위가 자기 보기에는 모두 깨끗하여도 여호와는 심령을 감찰하시느니라(잠 16:2)

죄 지은 게 없다고 자랑하지 마십시오. 하나님이 그만큼 죄를 안 짓도록 붙잡아 주신 겁니다. 법 없이 사는 사람이 어디 있습니까. 법이 있으니까 법 없이 사는 것처럼 사는 겁니다. 법에 걸리는 게 무서워서 바르게 사는 것 아닙니까.

간혹 믿지 않는 사람들은, 자신의 할아버지, 할머니는 다른 사람한테 나쁜 짓을 한 적이 한 번도 없다면서 그런데 천국에 가지 못한다면 말이 안 된다고 말합니다. 그리고 정의로운 하나님이 살아 계시다면 어떻게 저런 악인을 죽이지 않고 살려 둘 수 있느냐고도 합니다. 그러면 나는 그들에게 이렇게 말합니다.

"하나님이 살아 계시면 악인은 죽여야 하고 착한 사람은 살려 둬야 한다는 것이지요?"

"그럼요."

"그럼 묻겠습니다. 할아버지, 할머니는 그렇다 치고… 증조할아버지는요?"

"……."

"고조할아버지는요? 그 위의 10대손 할아버지는요?"

"……."

"당신 집안의 조상들 중 어느 누구도 악한 일을 하지 않았을까요? 수십 대, 수백 대에 걸쳐서요?"

"……."

"내 조상 중에 한 사람이라도 악한 사람이 있었다면 나는 태어나지도 못했습니다. 하나님이 은혜로 기다려 주셔서 내가 착하게 살 수 있는 기회를 얻은 겁니다."

우리는 하나님의 넉넉하심과 자비로움을 모릅니다. 하나님이 그분의 공의로움으로 사람들을 심판했다면 인류는 벌써 멸망했을 겁니다. 하나님 앞에 의인은 없습니다. 하나님이 덮어 주시고 기다려 주셔서 의롭게 사는 것같이 보이는 것입니다.

야곱이 드라빔을 찾아내면 누구든지 살지 못할 것이라는 말은 나중에 공교롭게도 예언처럼 되고 말았습니다. 실제로 라헬이 가족 중에 가장 먼저 죽었으니 말입니다. 베냐민을 낳다가 라헬이 죽었습니다. 야곱은 무심코 한 말인데 말이 씨가 되었습니다.

그리스도인의 말은 곧 기도라고 말하는 사람이 있습니다. 이스라엘 백성이 광야에서 차라리 죽었으면 좋았을걸, 했더니 그들이 광야에서 죽고 말았습니다. 그만큼 말이 무섭습니다. 원망하는 말이 무섭습니다.

아이들을 키우다 보면 하나님이 일하시는 방법이 우리와 다르다는 것을 배우게 됩니다. 우리 집 큰아들은 어려서부터 기도 응답을 많이 체험하면서 자랐습니다. 희한하게도 이 아이가 간절히 기도하면 하나님께서 응답해 주셨습니다. 내가 합동신학대학원을 다니던 시절은 정말 형편이 말이 아니었습니다. 재래식 부엌이 딸린 방 한 칸에서 살았는데, 바깥에 있는 화장실을 세 가구가 함께 썼습니다.

어느 날 큰아들이 유치원에 다녀와서 자기도 아파트에 살고 싶다고 했습니다. 유치원 친구 집이 아파트였던 모양입니다. 그래서 나는 엄마 아빠는 여기도 좋지만 네가 정 아파트에 살고 싶다면 하나님께 기도하라고 했습니다. 그러자 여섯 살짜리 꼬마가 진짜로 진지하게 기도하기 시작했습니다.

"하나님, 아파트에서 살고 싶어요. 아파트 2층에서 살게 해 주세요."

친구네가 아파트 2층이었는지 층수까지 구체적으로 기도했습니다. 당시 우리가 사는 동네에서 아파트로 이사 가려면 최소한 7천만 원이 있어야 했습니다. 하지만 당시 살던 집의 보증금은 고작 700만 원에 불과했습니다. 그때 김대중 대통령이 집권하던 시절, 임대아파트를 실시해서 청약을 했더니 당첨이 된 것입니다. 그것도 2층이었습니다. 큰아들이 기도한 대로 이뤄진 것입니다.

큰아들이 중학생이었을 때 이런 일도 있었습니다. 친구와 다퉜는지 학교에서 돌아와서는 "그놈의 자식, 나쁜 일이나 생겨 버려라" 하는 것입니다. 그러더니 곧바로 하늘을 향해 손을 저으면서 이렇게 외쳤습니다.

"하나님, 농담이에요. 농담! 나쁜 일 생기면 안 돼요. 화가 나서 그랬어요. 알았죠?"

큰아들은 많은 체험을 통해 하나님이 자신의 말을 듣고 있다고 믿기에 말을 조심했습니다. 아마도 이 진심에는 하나님께서 역사하시지 않았을 것입니다. 하나님은 입술의 말을 듣고 계십니다. 그러니 한마디라도 늘 조심해야 합니다.

하나님이 드라빔을 훔친 라헬에게 죗값을 치르게 하신 걸까요? 짐작하기 어렵습니다. 그러나 드라빔을 가지고 있던 자가 먼저 죽었다는 것은 우상을 어떻게 대해야 하는지에 대한 교훈을 줍니다.

> 내가 스스로 그것을 보충하였으며 내가 이와 같이 낮에는 더위와
> 밤에는 추위를 무릅쓰고 눈 붙일 겨를도 없이 지냈나이다(창 31: 40)

야곱은 "낮에는 더위와 밤에는 추위를 무릅쓰고" 양을 쳤다고 말하고 있습니다. 이것은 단순히 '덥고 춥다'의 의미가 아니라 극과 극을 체험했다는 뜻입니다. 야곱이 견딘 세월이 얼마나 극적이었는지를 상징적으로 표현한 것입니다. 야곱은 정말이지 끔찍한 인생을 살았습니다.

> 내가 외삼촌의 집에 있는 이 이십 년 동안 외삼촌의 두 딸을 위하
> 여 십사 년, 외삼촌의 양 떼를 위하여 육 년을 외삼촌에게 봉사하
> 였거니와 외삼촌께서 내 품삯을 열 번이나 바꾸셨으며(창 31:41)

라반과 야곱은 내내 세속적인 싸움을 벌여 왔습니다. 야곱은 번번이 라반에게 당하면서 신앙적으로도 바르게 살지 못했습니다. 하나님을 알고는 있었지만 믿음의 삶을 살지는 않았습니다. 밧단아람에서도 잔머리를 굴리며 살았지요. 더위와 추위는 라반과 야곱이 얼마나 세상적인 마인드로 살았는지를 보여 줍니다.

> 우리 아버지의 하나님, 아브라함의 하나님 곧 이삭이 경외하는 이가 나와 함께 계시지 아니하셨더라면 외삼촌께서 이제 나를 빈손으로 돌려보내셨으리이다마는 하나님이 내 고난과 내 손의 수고를 보시고 어제 밤에 외삼촌을 책망하셨나이다(창 31:42)

야곱과 라반의 결정적 차이는 여기에 있습니다. 야곱은 자신의 기업이 자신의 능력이 아니라 하나님이 자신과 함께했기에 얻어진 것을 알았다고 고백합니다. 야곱이 바르게 온전하게 살았기 때문이 아닙니다.

은혜를 받으면 받을 만한 이유가 있다고 생각하는 사람이 있습니다. 그런데 그것은 잘못된 생각입니다. 사무엘하 22장의 다윗의 감사 노래와 시편 18편의 감사 노래를 살펴보십시오.

> 여호와께서 다윗을 모든 원수의 손과 사울의 손에서 구원하신 그날에 다윗이 이 노래의 말씀으로 여호와께 아뢰어 이르되 여호와는 나의 반석이시요 나의 요새시요 나를 위하여 나를 건지시는 자시요 내가 피할 나의 반석의 하나님이시요 나의 방패시요 나의 구원

의 뿔이시요 나의 높은 망대시요 그에게 피할 나의 피난처시요 나의 구원자시라 나를 폭력에서 구원하셨도다 내가 찬송 받으실 여호와께 아뢰리니 내 원수들에게서 구원을 받으리로다(삼하 22:1-4)

나의 힘이신 여호와여 내가 주를 사랑하나이다 여호와는 나의 반석이시요 나의 요새시요 나를 건지시는 이시요 나의 하나님이시요 내가 그 안에 피할 나의 바위시요 나의 방패시요 나의 구원의 뿔이시요 나의 산성이시로다 내가 찬송 받으실 여호와께 아뢰리니 내 원수들에게서 구원을 얻으리로다 사망의 줄이 나를 얽고 불의의 창수가 나를 두렵게 하였으며 스올의 줄이 나를 두르고 사망의 올무가 내게 이르렀도다 내가 환난 중에서 여호와께 아뢰며 나의 하나님께 부르짖었더니 그가 그의 성전에서 내 소리를 들으심이여 그의 앞에서 나의 부르짖음이 그의 귀에 들렸도다(시 18:1-6)

여호와는 나의 반석, 요새, 산성… 끝도 없이 이어집니다. 다윗처럼 이렇게 감사해 본 적이 있습니까? 하나님께 구할 것은 하늘을 두루마리 삼아 쓸 수 있는데, 정작 감사는 그렇게 쓸 수 없지 않던가요? 다윗은 하나님이 주신 것에 감사할 수 있는 마음이 넘치는 사람이었습니다.

목회를 하다 보면 성도들을 위로하고 권면해야 하는 상황이 많습니다. 그런데 힘든 일을 겪고 있어서 위로하러 갔는데 불평하지 않고 오히려 하나님이 주신 것이 많다고 간증하면 내가 오히려 은혜를 입고 옵니다. 반면에 참 많은 것을 가진 사람이 오히려 불평이 많고 자신만 생각하는 것을 보면 답답한 마음으로 돌아오게 됩니다.

감사도 능력이 있어야 할 수 있습니다. 감사도 선물이고 능력입니다. 감사거리를 주셔도 내 안에 감사할 능력이 없으면 감사가 안 됩니다. 감사할 능력이 없는 사람은 일이 잘되면 내가 뭔가 잘해서, 기도를 해서, 열심히 봉사해서 그렇다고 생각합니다. 그러나 결코 그렇지 않습니다.

야곱이나 라반이나 사실 오십보백보입니다. 라반이 야곱보다 한 수 위라지만 세속적이라는 점에서 크게 다를 바가 없습니다. 그러나 이들의 인생이 갈라지는 지점이 있습니다. 바로 하나님이 있는가, 없는가입니다. 야곱이 라반이나 다를 바 없이 세속적인 다툼을 계속해 왔지만, 그럼에도 하나님이 야곱을 붙드셨습니다. 그런 중에도 하나님이 일을 하셔서 하나님의 의를 드러내셨습니다.

"하나님이 내 고난과 내 손의 수고를 보시고"(창 31:42)라는 야곱의 고백이 라반과 근본적인 차이를 드러냅니다. 세속적인 경쟁에서는 라반을 절대 이길 수 없었지만, 아브라함의 하나님, 이삭의 하나님이 야곱을 선택하셨고 그 언약을 지키기 위해 야곱과 함께하셨으므로 이겨 낼 수 있었습니다. 이것이 바로 믿는 사람이 세상 사람과 갈라지는 지점입니다. 이것을 놓치면 안 됩니다.

세상 사람들과 다른 가장 큰 복은 하나님께 기도할 수 있다는 것입니다. 이것이 얼마나 큰 특권인지 모릅니다. 하나님이 나의 이름을 아신다는 것이 얼마나 큰 복인지 모릅니다. 우리는 하나님이 내 이름을 아신다면 돈을 주세요, 건강을 주세요, 나를 스타로 만들어 주세요 하고 떼를 씁니다. 우리에게 이름을 안다는 개념은 이 정도 수준입니다. 그러나 하나님은 그 이름을 기억하고 주목하여 보시며 그 인생이 아무리 세상적이더라도 하나님의 사람으로 만들어 가는 은혜를 베푸시는 분입니다. 그러니 하나님의 손이 아닌 얼굴을 구하십시오.

야곱이 양을 두 떼로 이뤘다는 것만 보지 마십시오. 그의 고백을 들어야 합니다. 하나님이 함께하셨기 때문에 이룰 수 있었다는 고백입니다. 인생에서 왜 고난을 만나는지 아십니까? 곧장 잘 풀리면 하나님이 하셨다고 하는 게 아니라 자기가 잘나서 그랬다고 자랑하기 때문입니다. 한 번씩 꺾어 놔야 하나님이 내 인생을 빚어 가신다는 고백을 하게 됩니다. 이런 고백이 있어야 하나님의 자녀가 하나님 나라에서 영광을 받을 수 있습니다.

그렇기 때문에 하나님이 때로 인생을 야곱처럼 불과 얼음 가운데 집어넣을 때가 있습니다. 그러나 불과 얼음은 우리를 죽이지 못합니다. 다만 그것을 통해 하나님이 지켜 주심을 보게 됩니다. 인생이 하나님께 있음을 고백하게 되는 것입니다. 야곱처럼 라반에게 하나님이 내 인생과 함께하셨다고 멋진 고백을 할 수 있는 것입니다.

> **라반이 야곱에게 대답하여 이르되 딸들은 내 딸이요 자식들은 내 자식이요 양 떼는 내 양 떼요 네가 보는 것은 다 내 것이라 내가 오늘 내 딸들과 그들이 낳은 자식들에게 무엇을 하겠느냐**(창 31:43)

라반의 말은 틀린 데가 없습니다. 딸들도 자기 딸, 손자들도 자기 손자, 양 떼도 자기 양 떼에서 불린 것이니 자기 양 떼라고 해도 맞는 말입니다. 그러나 자기 것 같은데 사실은 자기 것이 아닌 겁니다. 이게 세상입니다. 라반이 말하는 것이 세상 사람들의 결국입니다. 자기의 열매, 자기의 기업인데 자기 것이 아닙니다. 모든 피조물은 죽어서 흙으로 돌아가게 되어 있습니다. 세상의 어떤 것도 자기 것이란 있을 수 없습니다. 하나님이 주셨으니까 받은 것입니다. 잠깐 누리는 겁니다. 죽으면 다 끝나는 것입니다. 권력도 명예도 끝이 있습니다. 세상 사람들의 마지막 고백은 내 것, 내 것인데 실은 내 것이 하나도 없습니다.

그런데 믿는 자들에게는 내 것이 아닌데 내 것이 됩니다.

> 무명한 자 같으나 유명한 자요 죽은 자 같으나 보라 우리가 살아있고 징계를 받는 자 같으나 죽임을 당하지 아니하고 근심하는 자 같으나 항상 기뻐하고 가난한 자 같으나 많은 사람을 부요하게 하고 아무것도 없는 자 같으나 모든 것을 가진 자로다(고후 6:9-10)

믿는 자들은 아무것도 없는 것 같으나 모든 것을 가진 자입니다. 그래서 나는 아들들에게 이렇게 말해 줄 수 있습니다.

"아빠는 부자야. 저 하늘 위에 다 있어. 아빠가 하고자 하는 일은 하나님이 다 도와주셨어. 하나님이 계셔서 다 이루어졌어. 그리스도인은 겉모습은 아무것도 아닌 것 같지만 하나님을 가졌으니 모든 것을 가진 사람이야."

세상 모든 것이 자기 것이라는 주장은 라반의 세상적인 고백에 불과

합니다. 하나님이 거둬 가시면 당장 사라질 것들입니다.

> 이제 오라 나와 네가 언약을 맺고 그것으로 너와 나 사이에 증거
> 를 삼을 것이니라 이에 야곱이 돌을 가져다가 기둥으로 세우고(창
> 31:44-45)

증거를 세우는 목적에는 두 가지가 있습니다. 하나는 종교적인 목적이고 또 하나는 영토의 경계를 위해서입니다. 라반은 똑똑한 사람입니다. 드라빔이 분명히 있는 것 같은데 못 찾았으니 후일이 걱정된 것입니다. 드라빔은 족장의 상징이자 인감도장 역할을 하는 우상입니다. 자기 딸들이 얼마나 똑똑하고 무서운지 알고 있으니 증거의 돌무더기를 세운 것입니다. 훔쳐 간 드라빔이 여기에 영향을 끼치지 못하도록 잘라버린 것입니다. 나중에라도 여기부터는 야곱의 땅이 될 수 없다는 것입니다.

하지만 실제로는 모두 이스라엘의 영토가 됩니다. 야곱 후손들의 지경이 여기까지 넓어질 것입니다. 지금은 아내 네 명과 자식이 열둘뿐이지만 나중에는 별과 같이 많은 후손들이 이스라엘 민족을 이루어 단에서부터 브엘세바까지 영토를 차지할 것입니다. 라반이 잘랐지만 하나님이 그것까지 포함시켜서 이스라엘에게 허락하신 것입니다. 이삭 때부터 이런 일이 계속 있어 왔습니다. 우물을 빼앗기고 또 빼앗겼지만 결국에는 이삭이 넓은 지경을 차지하게 되었습니다.

세상에서 손해 보는 것에 대해 너무 집착하지 마십시오. 하나님은

다른 곳에서 채워 주실 수 있습니다. 주님의 역사를 놓치지 마십시오. 어느 날 영토의 경계가 될지도 모릅니다.

> 또 그 형제들에게 돌을 모으라 하니 그들이 돌을 가져다가 무더기
> 를 이루매 무리가 거기 무더기 곁에서 먹고 라반은 그것을 여갈사
> 하두다라 불렀고 야곱은 그것을 갈르엣이라 불렀으니 라반의 말
> 에 오늘 이 무더기가 너와 나 사이에 증거가 된다 하였으므로 그
> 이름을 갈르엣이라 불렀으며 또 미스바라 하였으니 이는 그의 말
> 에 우리가 서로 떠나 있을 때에 여호와께서 나와 너 사이를 살피시
> 옵소서 함이라 (창 31:46-49)

'여갈사하두다'는 아람어로 '증거의 돌무더기'라는 뜻입니다. '갈르엣'은 같은 뜻의 히브리어입니다. 돌무더기가 증거가 되는 것입니다.

여호수아도 죽음을 앞두고 이스라엘 백성들과 함께 돌무더기로 증거를 삼았습니다. 여호수아가 이스라엘 백성들에게 자기와 자기 가정은 하나님을 섬길 것인데 너희는 누구를 섬기겠느냐고 물었을 때 이스라엘 백성들이 자신들도 하나님을 섬기겠다고 하자 돌들로 증거를 삼은 것입니다. 사람은 죽어서 사라지지만 돌은 그 자리에 영원히 있을 수 있습니다. 하나님이 그 증거를 본다는 의미입니다.

라반과 야곱 사이에 세운 언약은 드라빔으로 인하여 나중에 혹시 일어날 수도 있는 재산 상속권의 문제를 미연에 방지할 뿐만 아니라 장차 야곱이 강해지면 보복할 수 있는 근거도 잘라 버리는 데 목적이 있

습니다. 이 증거로 야곱은 라반의 집에서 도망치는 도망자가 아닌 합법적으로 고향으로 돌아가는 신분이 되었습니다.

에서의 낯을 피해서 도망쳤던 야곱입니다. 하나님은 야곱이 벧엘에서 한 고백을 기억하시고 라반이 달려와 그의 입으로 야곱과 화친을 맺고 합법적으로 돌아갈 수 있도록 하셨습니다. 놀라우신 하나님입니다. 야곱은 비로소 당당하게 하나님이 축복하신 땅으로 들어가게 된 것입니다.

하나님이 얼마나 섬세하신 줄 알겠습니까? 하나님은 자존심이 세십니다. 당신의 이름과 당신의 자녀가 모욕당하는 것을 무척 싫어하십니다. 자식이 모욕당하면 부모가 더 화가 나는 것과 마찬가지입니다. 사람이 하나님의 명예를 지켜 드리려고 애쓰면 하나님도 그의 삶을 지켜 주십니다.

그리스도인에게 명예는 신앙을 지켜 나가는 힘입니다. 이것이 없으면 세상을 따라가게 되어 있습니다. 하나님이 그를 도망자로 만들지 않으십니다. 자기의 축복을 제 힘으로 받으려다가 사고를 치고 도망친 야곱입니다. 그러나 돌아올 때는 하나님이 떠나라고 먼저 말씀해 주셨습니다. 그럼에도 불구하고 라반이 두려워서 몰래 도망친 야곱입니다. 그러나 하나님은 라반으로 하여금 뒤쫓게 하시다가 마지막에 막아 주셨습니다. 라반 자신의 입으로 야곱을 도망자에서 스스로 떠나는 자로 선포하게 만들어 주셨습니다. 라반이 머리를 써서 야곱이 경계를 못 넘어오게 만들었지만 오히려 야곱은 그 경계를 뒤로하고 앞으로만 전진하는 힘을 얻었습니다. 하나님이 이 모든 형편을 다 만들어 주신 것입니다. 이것이 하나님의 일하심입니다.

> 만일 네가 내 딸을 박대하거나 내 딸들 외에 다른 아내들을 맞이하
> 면 우리와 함께할 사람은 없어도 보라 하나님이 나와 너 사이에 증
> 인이 되시느니라 함이었더라 라반이 또 야곱에게 이르되 내가 나
> 와 너 사이에 둔 이 무더기를 보라 또 이 기둥을 보라 이 무더기가
> 증거가 되고 이 기둥이 증거가 되나니 내가 이 무더기를 넘어 네게
> 로 가서 해하지 않을 것이요 네가 이 무더기, 이 기둥을 넘어 내게
> 로 와서 해하지 아니할 것이라(창 31:50-52)

라반이 딸들을 위해 야곱이 만약 다른 아내를 맞는다면 하나님이 벌
을 내리실 것이라고 엄포를 놓는 것을 잊지 않습니다.

> 아브라함의 하나님, 나홀의 하나님, 그들의 조상의 하나님은 우리
> 사이에 판단하옵소서 하매 야곱이 그의 아버지 이삭이 경외하는
> 이를 가리켜 맹세하고(창 31:53)

라반은 "아브라함의 하나님, 나홀의 하나님, 그들의 조상의 하나님"
이라면서 복수형을 사용합니다. 그에게 신은 여럿입니다. 그러나 야곱
은 "아버지 이삭이 경외하는 이"라고 단수형을 사용합니다. 여호와 하
나님 한 분만을 가리킨 것입니다. 이렇게 야곱과 라반은 같은 이야기를
하는 것 같으나 서로 섞일 수 없는 이질적인 관계일 수밖에 없습니다.

인도에 가면 예수님이 여러 신들 가운데 하나로 모셔져 있다고 합니다. 그들은 다신론이라서 여러 신들 중에 하나로 믿는 것입니다. 그래서 인도는 예수님을 빨리 받아들이지만 오히려 전도가 가장 어려운 지역입니다. 되레 무슬림은 무섭게 싸우다가도 예수님을 받아들이면 오직 한 분만 섬기는 믿음을 갖습니다.

> **야곱이 또 산에서 제사를 드리고 형제들을 불러 떡을 먹이니 그들이 떡을 먹고 산에서 밤을 지내고 라반이 아침에 일찍이 일어나 손자들과 딸들에게 입 맞추며 그들에게 축복하고 떠나 고향으로 돌아갔더라**(창 31:54-55)

이 언약이 중요한 이유는 이중적 성격이 있기 때문입니다. 첫째 아람 족속과 이스라엘 땅의 경계를 정하는 언약입니다. 둘째, 화평 조약입니다. 라반과 야곱은 남이 아니라 장인과 사위로 한 뿌리입니다. 아브라함과 사라가 여기서 떠나 가나안으로 갔고, 리브가가 이삭과 결혼하기 위해 이곳을 떠났습니다. 혈연적으로 한 뿌리입니다.

이삭도 야곱도 가나안 족속과 결혼하지 않으려고 800킬로미터나 떨어진 곳에서 배필을 찾았습니다. 가나안 족속과 결혼한다는 것은 그곳 문화에 정착한다는 뜻이기 때문입니다. 하나님이 가나안을 약속의 땅으로 주셨지만, 정식으로 들어가기 전까지는 믿음으로 좇아가는 삶을 살아야 합니다. 이때 정착민과 결혼한다는 것은 그런 삶을 포기한다는 뜻입니다. 그래서 하나님이 유목민인 이스라엘 백성을 부르셨다는 것

에 의미가 있습니다. 이 땅에서의 삶은 끊임없이 옮겨 다니는 나그네와
도 같기 때문입니다.

이 언약 이후로 이스라엘 백성들은 더 이상 밧단아람에서 아내를 데
려오지 않습니다. 이 언약의 경계는 서로 다른 민족이 된다는 상징이기
도 합니다. 이제부터는 혈통이 문제가 아니라 다른 민족이 되는 것입니
다. 서로 이방인 취급을 하게 되는 것입니다.

하나님은 선택하신 민족이 핏줄과 혈연으로 엮여 가는 것을 처음부
터 방지하셨습니다. 아브라함의 아들이라고 해도 이스마엘이 제외되
고, 이삭의 아들이라고 해도 에서가 제외된 이유가 그것입니다. 하나님
의 선택과 은혜의 족보는 혈통에 있지 않다는 것입니다.

야곱은 자기의 기업을 언제 세울지 물었습니다. 그러나 실은 그가
세운 것은 자기 기업이 아니라 하나님의 기업이었습니다. 그래서 야곱
의 뜻대로 기업을 세우지 못하게 하신 것입니다. 만약에 그의 뜻대로
세웠다면 야곱의 기업이 될 것입니다. 아브라함이 이삭을 100세에 낳
은 이유도 하나님의 기업이기 때문입니다. 인간의 힘으로 낳은 것이 아
닙니다. 이삭은 에서에게 기업을 주고 싶어 했지만 이삭의 기업이 아니
라 하나님의 기업이기 때문에 에서를 제외시키십니다. 야곱도 하나님
의 기업이기 때문에 하나님이 세우시는 것입니다. 열두 기업을 만든 후
에는 그 안에서 기업을 만들어 가게 하십니다. 하나님은 야곱 대에 완
전한 선택을 이루어 구원 사역을 계속해 나가신 것입니다.

야곱은 성화의 상징적 인물입니다. 야곱이 성화의 상징이라는 것은
야곱이 겪은 것을 우리 모두도 겪기 때문입니다. 그런 까닭에 야곱의

인생을 잣대 삼아 내 인생이 어디쯤 와 있는지를 가늠해 볼 수 있습니다. 라반이 쫓아오는 상황인지, 아니면 라반과 싸우는 상황인지 가늠해 볼 수 있습니다. 야곱의 삶 안에 지혜가 있습니다.

> 라반이 아침에 일찍이 일어나 손자들과 딸들에게 입 맞추며 그들
> 에게 축복하고 떠나 고향으로 돌아갔더라(창 31:55)

라반이 처음에 야곱을 만났을 때는 입을 맞추며 반가워하더니(창 29:13) 이제 야곱에게는 입을 맞추지 않습니다. 그러나 야곱은 미련을 갖지 않습니다. 모질게 당하면 당할수록 뒤도 돌아보지 않게 되는 법입니다. 모진 일을 당할 때 섭섭해 하지 마십시오. 나중에 보면 그것이 비교할 수 없는 은혜일 수 있습니다.

Part 3

하나님이 친히
만들어 가신다

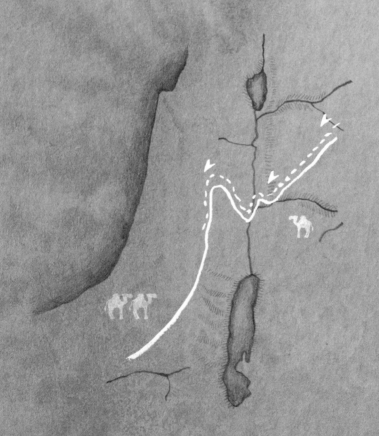

Chapter 5

믿음은
환난 가운데 자란다

쓰임 받으려면 다듬어져야 한다

야곱이 라반과 '증거의 돌무더기'를 세워 경계를 정했으므로 이제부터 경계의 안쪽은 이스라엘 땅이 됩니다. 야곱이 길을 가는데 하나님의 사자들이 나타났습니다.

> 야곱이 길을 가는데 하나님의 사자들이 그를 만난지라 야곱이 그
> 들을 볼 때에 이르기를 이는 하나님의 군대라 하고 그 땅 이름을
> 마하나임이라 하였더라 (창 32:1-2)

그가 이스라엘 땅에 들어온 뒤에 하나님의 군대가 나타났습니다. 하나님의 군대가 야곱을 맞이했다고 할 수 있습니다. 이때 야곱이 영적인 눈을 떴습니다. 깊은 영적 체험을 한 것입니다. 마하나임은 '두 군대,

두 진영'이란 뜻으로 준전시 체제를 갖춘 군대를 가리킵니다. 즉 전쟁을 치를 태세가 된 하나님의 군대가 약속의 땅을 향해 가는 야곱을 호위하여 함께 간다는 뜻입니다. 하나님의 군대가 얼마나 막강하겠습니까?

야곱은 가나안 땅을 향해 가지만 형 에서와의 만남을 생각하면 마음이 몹시 심란했을 것입니다. 이때 하나님이 두 진영의 군대를 보내 주십니다. 야곱이 요청해서 온 것이 아닙니다. 야곱이 마침내 약속의 땅에 들어선 것을 하나님이 기뻐하며 친히 보호하겠다고 보내신 것입니다. 하나님을 의지하여 그 땅에 들어가라는 뜻입니다.

훗날 출애굽한 이스라엘 백성이 여호수아를 좇아 가나안 땅으로 진군해 들어갈 때도 여호와의 군대대장이 이스라엘 백성들을 맞으러 왔습니다. 하나님의 백성이 하나님을 부르며 약속의 땅으로 나아갈 때 하나님의 군대가 호위하기 시작합니다.

야곱은 약속의 땅에 하나님의 보호를 받으며 들어가는 큰 축복을 받았습니다. 그런데 문제가 있습니다.

형 에서를 피해 도망친 지 20년이 흘렀습니다. 그동안 형의 화가 풀렸는지 아니면 아직도 죽이려고 벼르고 있는지 알 수 없으니 야곱은 두렵기만 합니다.

> **야곱이 세일 땅 에돔 들에 있는 형 에서에게로 자기보다 앞서 사자들을 보내며**(창 32:3)

야곱이 지금 제일 걱정스러운 것은 에서의 반응입니다. 먼저 그가 어떻게 나올지 살펴봐야 했습니다.

> 그들에게 명령하여 이르되 너희는 내 주 에서에게 이같이 말하라 주의 종 야곱이 이같이 말하기를 내가 라반과 함께 거류하며 지금까지 머물러 있었사오며 내게 소와 나귀와 양 떼와 노비가 있으므로 사람을 보내어 내 주께 알리고 내 주께 은혜 받기를 원하나이다 하라 하였더니(창 32:4-5)

'거류하다'는 '잠시 머문다'는 뜻입니다. 야곱은 라반의 집에 잠시 머물러 있다가 이제야 고향으로 왔다고 자기가 돌아온 이유를 설명하고 있습니다. 야곱이 와서는 안 되는 곳에 온 것이 아니라고 피력하는 동시에 혹시 에서의 마음이 상할까 겸손하고 조심스럽게 말하고 있습니다. 그런데 창세기 27장을 보십시오. 리브가와 야곱에게 속아 아버지 이삭이 동생 야곱에게 해준 축복과 뒤늦게 나타난 형 에서에게 한 축복이 대조적입니다.

이삭이 야곱에게 "열국이 네게 굴복하고 네가 형제들의 주가 된다"고 축복한 반면(창 27:29), 에서에게는 "네 아우를 섬길 것"이라고 했습니다(창 27:40). 그런데 20년이 지난 지금, 야곱이 말하는 것을 보십시오. 야곱은 형 에서에게 사자를 보내면서 "너희는 내 주 에서에게", "주의 종 야곱이"(창 32:4)라고 말하라고 시켰습니다. 축복은 원래 야곱이 주가 되고, 에서가 종이 되어야 하는데, 야곱이 자기를 "주(에서)의 종 야곱"으로 스스로 낮추었습니다. 뒤집어진 것입니다. 이것이 문제입니다.

이삭의 축복은 마침내 이루어질 것입니다. 하나님이 이스라엘을 민족의 주로 세우시고, 예수님으로 말미암아 이스라엘을 통해 만국에 복을 주실 것입니다. 그러나 그 과정에서 하나님을 의지하지 않은 허물이 무서운 죄로 돌아온다는 사실이 문제입니다. 때를 기다리면 주실 하나님의 축복을 지레 머리를 써서 도둑질한 미련한 야곱입니다. 그 허물 때문에 도망쳤고, 그때의 허물이 아직도 유효합니다.

사탄은 죽을 때까지 그 부분을 놓치지 않습니다. 한번 죄를 지은 자는 용서받기 전까지는 죄의 그늘에서 벗어나지 못합니다. 그게 드러났든 드러나지 않았든 상관없이 내면에 두려움이 있게 마련입니다. 도둑이 제 발 저린다고 하지 않습니까. 이것이 죄의 무서움입니다.

죄를 짓지 않은 사람은 당당합니다. 만약 야곱이 죄를 짓지 않았다면 형 에서에게 당당하게 연락했을 것입니다. 순간에 지은 죄가 평생의 짐이 되는 법입니다. 그 영향력이 너무 큽니다. 아담이 지은 죄의 영향력이 그에게서 그친 것이 아니라 오늘까지도 이어져 오고 있지 않습니까.

어떤 사람이 죄를 짓고 감옥에 갔다 나왔습니다. 죗값을 치렀으니 그 사람을 이제부터는 정직한 사람이라고 부릅니까? 아닙니다. 그냥 감옥에 갔다 온 사람입니다. 그 이미지를 바꾸기란 무척 어렵습니다. 벌을 받은 걸로 끝났다고 생각하면 오산입니다. 사탄은 그렇게 만만하지 않습니다. 한번 잡은 꼬투리는 결코 놓지 않는 게 사탄입니다. 애초에 죄를 짓지 않는 것이 제일 좋습니다. 사탄이 끝까지 물고 늘어질 죄가 없으면 꺼릴 게 없으니 당당할 수 있습니다.

이스라엘이 된 야곱은 하나님의 군대가 호위하는 축복을 받았음에도 불구하고 여전히 20년 전에 지은 자기 죄의 그늘에서 벗어나지 못하고 있습니다. 형 에서와의 문제가 아직 풀리지 않아서 그렇습니다.

이것이 관계의 어려움입니다. 관계란 일방적이지 않습니다. 교회 생활을 하다 보면 관계가 틀어질 때가 있습니다. 이때 어느 한쪽에서 일방적으로 풀고 끝내선 안 됩니다. 자기는 괜찮아져서 그럴 수 있을지 모르지만 상대는 아직 준비가 안 되어 있을 수 있기 때문입니다. 관계에서 오는 문제는 관계로 풀어야 합니다. 용서를 구해야 하는 것입니다.

용서를 구할 때 주의해야 할 것이 있습니다. 대가를 치러야 합니다. 죄를 지은 만큼 대가를 치르는 땀과 눈물이 있어야 합니다. 아담과 하와가 선악과를 먹은 죄의 대가로 예수님이 십자가를 지셨습니다. 그만한 대가를 치러야 관계 문제가 해결됩니다.

간혹 자신은 용서를 구했는데 상대가 받아들여 주지 않는다고 불평하는 사람을 봅니다. 그러나 내가 용서를 구했어도 아직 정당해진 것은 아닙니다. 상대가 용서해 줄 때까지는 아직 아닙니다. 피해자가 용서해야 진정한 용서입니다.

대가를 치를 각오로 용서를 구하고 상대가 용서해 줄 때까지 기다려야 합니다. 주변에서 할 만큼 했다는 말이 나올 정도로 기다리며 대가를 치러야 합니다. 더구나 단순히 말로써 용서를 구하는 것은 올바른 태도가 아닙니다.

야곱과 에서의 관계가 그렇습니다. 하나님의 선택은 처음부터 야곱에게 있었지만, 에서의 입장에서 보면, 누가 뭐래도 자기가 장자이고 또 야곱이 비열한 방법으로 사기를 친 셈입니다. 팥죽으로 장자권을 사고 에서인 척 속여서 아버지의 축복을 가로챈 야곱으로 인해 에서가 상처를 받은 것은 너무나 당연합니다. 야곱이나 에서나 모두 이 문제에 얽매여 있습니다.

목사로서 겪는 어려움이 있습니다. 지난날 누군가에게 떳떳하지 못한 일을 했다면 그 사람 앞에서 설교를 제대로 할 수 있을까요? "살면서 그런 짓을 하면 안 되지요" 하고 설교하는데 바로 앞에 앉은 사람이 '네가 했잖아. 그런 짓!' 하는 표정으로 노려보고 있다면 설교를 할 수 있겠습니까?

어느 날 교회 가는 길에 옆 차선에서 차가 갑자기 끼어들었습니다. 순간 놀랐지만 꾹 참고 경적을 울리지 않았습니다. 공교롭게도 그 차와 나란히 교회에 도착했습니다. 내가 설교 중에 "아무 때나 분을 내지 말라"고 메시지를 전했더니 그분이 "아멘" 하고 받았습니다. 다행이었습니다. 만일 그 순간 요란하게 경적을 울렸다면 어땠을까요? 그분이 아멘은커녕 시험에 들어 어쩌면 교회를 떠났을지도 모릅니다. 죄의 문제는 길이길이 남습니다.

하나님께 쓰임 받기를 원한다면 다듬어지는 과정을 먼저 지나야 합니다. 그렇지 않으면 결정적일 때 사탄에게 꼬투리를 잡힙니다. 그래서 하나님은 야곱이 이스라엘 땅에 들어가기 전에 먼저 다듬는 시간을 갖게 하셨습니다. 라반과의 문제는 끝났지만 에서와 풀어야 할 문제가 아직 남아 있기 때문입니다.

하나님은 야곱이 이 문제를 해결하길 원하셨습니다. 형 에서가 마중 나오는 것을 야곱은 죄의 그늘 때문에 두려워했지만 하나님은 그 죄의 문제를 해결하는 기회로 삼으셨습니다. 하나님은 야곱을 에서와 싸우는 존재로 부르신 게 아니라 하나님의 큰 뜻을 이루는 존재로 부르셨습니다. 그러니 이때 해결하지 않으면 나중에라도 야곱에게 걸림돌이 될 것입니다.

에서가 400명을 거느리고 온다고 합니다. 인원이 10명이면 단순히 마중을 나오는구나 하고 형의 마음이 풀렸다고 안심할 수 있습니다. 천 명쯤 되면 기어코 나를 죽이러 오는구나 할 것입니다. 그런데 400명은 애매합니다. 마중 나오는 것도 같고 전쟁을 하러 오는 것도 같습니다. 하나님은 이 모호한 상황에서 야곱이 어떻게 반응하는지를 보고 계십니다.

죄를 안 짓고 살 수는 없고 죄의 그늘에서 벗어날 수도 없지만 죄인 줄 알면서도 죄를 짓지는 마십시오. 우리가 연약해서 짓는 죄는 하나님도 불쌍하게 여기십니다. 그러나 의지적으로 짓는 죄는 하나님이 싫어하십니다.

이 시대를 살아가는 성도들이 하나님께 쓰임 받으려면 특별히 두 가지를 조심해야 합니다. 이것이 당신의 그릇을 결정할 것입니다.

첫째, 말을 조심해야 합니다. 다른 사람의 심령을 죽이는 말을 조심해야 합니다. 그리스도인의 사역은 땀 흘려 일하는 것이 아니라 사람을 살리는 것입니다. 그리스도인은 사람을 섬기고 사람을 살리는 일을 해야 합니다. 그런데 사람을 죽이는 입술을 가지고 있으면 그만큼 사역의 그릇이 제한될 수밖에 없습니다. 농담도 하지 말라는 뜻이 아닙니다. 악의적인 말은 본인도 실수로 한 말이 아님을 잘 압니다. 비꼬고 비난하고 빈정거리는 말은 다른 사람의 심령을 죽입니다. 말을 조심하지 못하면, 그는 하나님의 사람으로서 권위를 가질 수 없을 것입니다.

둘째, 글을 조심하십시오. 글은 말과 같으면서도 말보다 훨씬 오래 남습니다. 그래서 나는 SNS 활동을 하지 않습니다. 자칫 글을 잘못 남기면 사탄이 끝까지 물고 늘어질 것입니다. 남기려거든 항상 따뜻한 격려의 글을 쓰십시오. 사탄에게 어떠한 빌미도 주어선 안 됩니다.

에서와 야곱이 20년이 넘도록 불화에 붙잡혀 있었다는 것을 기억하십시오. 성화 중에 있는 야곱은 아직 자신의 한계 안에 갇혀 있습니다. 하나님을 의지하고 기도로 풀어야 할 문제이지만 아직 그 정도의 믿음을 갖지 못했습니다. 문제를 해결해 줄 사람, 즉 형 에서를 만나 봐야 할 것 같은 생각에 사로잡혀 있습니다. 머리로는 되는데 삶이 따라가지 않으면 결정적일 때 머리를 좇아가게 됩니다. 그가 겪어야 할 문제입니다.

사람은 성숙해질수록 잘못에 민감합니다. 하나님을 알고 닮아 갈수록 자기의 잘못을 깨닫습니다. 그만큼 죄책감이 강해지고 죄의 무게가 묵직하게 느껴지니 상대를 만나서 풀고 싶어집니다.

> 내게 소와 나귀와 양 떼와 노비가 있으므로 사람을 보내어 내 주께 알리고 내 주께 은혜 받기를 원하나이다 하라 하였더니 사자들이 야곱에게 돌아와 이르되 우리가 주인의 형 에서에게 이른즉 그가 사백 명을 거느리고 주인을 만나려고 오더이다 (창 32:5-6)

문제 해결은 누구에게 있습니까? 에서에게 있습니까? 아닙니다. 하나님께 있습니다. 그런데 야곱은 자꾸 에서에게 마음을 쏟습니다. 에서가 400명을 거느리고 오고 있다고 합니다. 종들이 보기에도 에서의 얼굴이 펴졌는지 구겨졌는지 애매하기만 합니다. 그러니 야곱은 두렵기만 합니다.

환도뼈를 만지듯 삶을 만지신다

하나님은 어느 한 사람을 하나님의 사람으로 만들고자 작정하실 때 환경과 사람을 사용하실 때가 많습니다. 그러므로 환경과 사람은 하나님의 음성을 분별하는 데 있어 굉장히 중요한 도구입니다. 하나님은 환경을 통제하거나 주변 사람들을 끊어 버림으로써 하나님이 작정한 사람을 부르기도 하십니다. 왜 통제하고 끊으십니까? 하나님께만 집중하게 하기 위해서입니다. 그러므로 사방이 막히고 사람들과 관계가 틀어진다면 하나님께 집중하라는 메시지로 이해하면 됩니다. 반대로 필요한 환경이 열리고 필요한 사람에게서 도움을 받는다면 그때는 하나님이 나를 통해 일하실 때입니다.

환경이 열릴 때 주의할 점은, 일보다 먼저 하나님과의 관계가 어떤가를 살피는 것입니다. 하나님과의 관계가 분명해지기 전에 환경이 열린다면 조심해야 합니다. 사탄도 때마침 뭔가를 줄 수 있습니다. 사탄도 나를 통해 역사할 수 있습니다.

지금 야곱이 처한 상황을 보십시오. 호의적인 환경인지 적대적인 환경인지 판단하기가 어렵습니다. 게다가 마음이 두렵고 답답합니다.

> **야곱이 심히 두렵고 답답하여 자기와 함께한 동행자와 양과 소와**
> **낙타를 두 떼로 나누고**(창 32:7)

하나님이 우리에게 말씀하시는 또 하나의 사인은 마음의 느낌입니다. 그래서 마음에 화인을 맞은 사람은 하나님의 음성을 들을 수 없습니다. 마음이 두렵고 답답하다는 것은 100퍼센트 기도하라는 메시지입니다. 그 문제가 풀리고 안 풀리고는 두 번째 사안입니다. 우선 기도해야 하는 것입니다. 스스로 환경을 바꾸고 사람을 바꾸려고 애쓰지 마십시오. 환경이 막히고 마음이 답답하다면 그냥 기도하십시오. 나는 새벽이라도 마음이 답답하면 무릎을 꿇고 일단 기도부터 합니다. 하나님을 붙잡는 것입니다.

환도뼈 사건은 야곱이 자초한 일입니다. 하나님이 만드신 게 아닙니다. 거기까지 가야 굴복하기 때문에 하나님이 끌어가신 겁니다. 하나님이 인생을 왜 이렇게 꼬이게 만들었냐고요? 대답은 간단합니다. 당신 때문입니다.

야곱은 여기서도 잔머리를 씁니다. 하나님께 나아가야 하는데 깊이 있게 들어가지 못하고 입술의 기도만 합니다. 기도하면서도 계속 육적으로 머리를 굴립니다.

마하나임이 '두 군대'를 뜻한다고 했지요? 야곱은 자기 양 떼를 두 떼로 나눕니다. 준전시 체제로 돌입한다는 뜻입니다. 한 떼를 잃으면 나머지 한 떼라도 보호하겠다고 머리를 쓴 것입니다.

> 야곱이 또 이르되 내 조부 아브라함의 하나님, 내 아버지 이삭의
> 하나님 여호와여 주께서 전에 내게 명하시기를 네 고향, 네 족속에
> 게로 돌아가라 내가 네게 은혜를 베풀리라 하셨나이다 나는 주께
> 서 주의 종에게 베푸신 모든 은총과 모든 진실하심을 조금도 감당
> 할 수 없사오나 내가 내 지팡이만 가지고 이 요단을 건넜더니 지
> 금은 두 떼나 이루었나이다 내가 주께 간구하오니 내 형의 손에서,
> 에서의 손에서 나를 건져 내시옵소서 내가 그를 두려워함은 그가
> 와서 나와 내 처자들을 칠까 겁이 나기 때문이니이다 주께서 말씀
> 하시기를 내가 반드시 네게 은혜를 베풀어 네 씨로 바다의 셀 수
> 없는 모래와 같이 많게 하리라 하셨나이다 (창 32:9-12)

드디어 야곱의 기도문이 등장합니다. 보통 야곱이 얍복 강에서 천사
와 씨름하는 장면을 야곱의 기도로 봅니다. 큰 의미에서 그것은 기도로
볼 수도 있습니다. 기도 자체가 내가 아니라 하나님을 의지한다는 고백
이니까요. 그러나 좀 더 정확하게 성경을 본다면 기도라기보다는 그냥
천사와 씨름하는 것으로 보는 것이 좋습니다. 따라서 진짜 기도문은 창
세기 32장 9-12절이고 그 뒤에 나오는 것은 야곱이 천사와 씨름한 것
이기 때문입니다. 야곱이 이렇게 기도하고서도 자기 뜻대로 하자 하나
님이 붙잡고 씨름하면서 야곱과 결판을 내신 겁니다.

벧엘에서 하나님을 체험한 야곱은 라반의 집에서도 기도했을 것입

니다. 하지만 야곱의 기도를 이렇게 구체적으로 기록한 것은 이것이 처음입니다. 야곱이 정말 다급했던 겁니다. 야곱의 기도문을 좀 더 살펴보겠습니다.

"내 조부 아브라함의 하나님, 내 아버지 이삭의 하나님 여호와여"라고 시작합니다. 창세기 28장의 벧엘에서 하나님이 야곱에게 하신 말씀을 떠올린 것입니다.

> 또 본즉 여호와께서 그 위에 서서 이르시되 나는 여호와니 너의 조부 아브라함의 하나님이요 이삭의 하나님이라 네가 누워 있는 땅을 내가 너와 네 자손에게 주리니 네 자손이 땅의 티끌같이 되어 네가 서쪽과 동쪽과 북쪽과 남쪽으로 퍼져 나갈지며 땅의 모든 족속이 너와 네 자손으로 말미암아 복을 받으리라 내가 너와 함께 있어 네가 어디로 가든지 너를 지키며 너를 이끌어 이 땅으로 돌아오게 할지라 내가 네게 허락한 것을 다 이루기까지 너를 떠나지 아니하리라 하신지라(창 28:13-15)

아브라함과 이삭의 하나님을 부른 것은 자기가 정당한 언약의 계승자임을 드러내는 것입니다. 에서가 아니라 자기가 계승자라는 겁니다. 에서 때문에 두려움에 떨면서도 언약의 계승자인 자기를 봐주십사 기도하는 것입니다. 그리고 하나님께서 고향으로 돌아오라고 하신 명령을 기억한다고 말합니다. 야곱이 약속의 말씀을 붙잡고 기도했습니다.

> 나는 주께서 주의 종에게 베푸신 모든 은총과 모든 진실하심을 조
> 금도 감당할 수 없사오나 내가 내 지팡이만 가지고 이 요단을 건넜
> 더니 지금은 두 떼나 이루었나이다(창 32:10)

마지막으로 하나님의 은총에 대해 감사합니다. "언약의 계승자로서 돌아오라 하신 하나님의 명령을 기억합니다. 돌아올 때 이렇게 기업을 얻은 것은 하나님의 은혜입니다" 하는 멋진 고백이자 기도입니다.

> 내가 주께 간구하오니 내 형의 손에서, 에서의 손에서 나를 건져
> 내시옵소서 내가 그를 두려워함은 그가 와서 나와 내 처자들을 칠
> 까 겁이 나기 때문이니이다 주께서 말씀하시기를 내가 반드시 네
> 게 은혜를 베풀어 네 씨로 바다의 셀 수 없는 모래와 같이 많게 하
> 리라 하셨나이다(창 32:11-12)

기도 내용을 보면 기도하는 사람의 수준을 알 수 있고 그가 무엇을 붙잡고 있는지가 드러납니다. 야곱은 하나님이 약속한 언약의 내용을 기억하고 있고 그것을 근거로 기도하고 있습니다. 하나님께 살려 달라고 떼만 쓰고 있는 것이 아닙니다. 그럼에도 야곱은 언약을 기억하는 자의 모습이 아닙니다. 혹여 아내와 자식들을 잃을까 봐 '내 씨'를 강조합니다. 아내와 자식들이 죽는다면 "네 씨로 바다의 셀 수 없는 모래와 같이 많게 하리라" 하신 약속이 이루어질 수 없다고 하소연하는 것입니다.

야곱이 태어나 지금까지 살면서 처음으로 간절히 기도하고 있습니다. 야곱이 에서의 낯을 피해 벧엘로 도망갈 때도 이렇게 간절하지 않았습니다.

벧엘에서 서원한 후 20년이 지났습니다. 그동안 하나님 앞에 무릎을 꿇는 신앙이 자란 것이 분명해 보입니다. 그냥 기도하는 것이 아니라 20년 전의 언약을 기억하고, 자기가 언약의 계승자임을 인식하면서 하나님이 베푸신 은총에 감사하는 기도를 드리는 것을 보면 그렇습니다.

그런데 간절한 기도를 드린 후에 야곱은 다시 자신의 생각대로 행동합니다. 머리로는 다 알고 있는데 삶으로는 실천이 안 되는 겁니다. 언약의 계승자라는 인식이 있다면 하나님이 죽이지는 않으시리라는 믿음이 있어야 하는데, 여전히 죽음을 두려워합니다. 하나님이 바다의 모래처럼 셀 수 없이 많은 후손을 약속하셨다고 하면서도 처자식들이 죽임을 당할까 봐 두려워합니다. 입술로는 하나님이 은혜를 베푸셨다고 고백하면서도 깊이 신뢰하지 못하고 있는 것입니다. 머리와 삶이 따로따로인 신앙입니다. 바로 우리의 모습 아닙니까?

요즘 성도들은 성경에 대한 지식을 참 많이 알고 있습니다. 많은 목사들의 설교를 찾아 들어서인지 오히려 내게 관련 정보까지 알려 줍니다. 그러나 문제는 아는 것으로 그쳐선 신앙이 자라지 않는다는 것입니다.

믿음은 환난 가운데 있을 때 자랍니다. 문제가 있을 때 믿음이 간절해집니다. 이 사건에서 중요한 것은 야곱의 고백이 아니라 그의 삶의 변화입니다. 하나님이 찾으시는 것은 입술의 고백이 아니라 삶 자체이기 때문입니다.

야곱은 여전히 잔머리를 굴립니다. 말로는 하나님의 언약을 다 기억한다면서 정작 그 언약을 지키지는 않습니다. 말로는 하나님이 많은 자손을 주실 것이라고 고백하면서 처자식이 죽을까 두려워합니다. 간절한 기도 끝에 담대히 나아가야 하는데 그렇게 하지 못합니다. 머리와 삶 사이에 크나큰 괴리가 있습니다.

이 때문에 하나님이 얍복 강에서 야곱을 붙잡으신 겁니다. 기어코 환도뼈를 맞은 다음에야 나아갑니다.

> 그것을 각각 떼로 나누어 종들의 손에 맡기고 그의 종에게 이르되
> 나보다 앞서 건너가서 각 떼로 거리를 두게 하라(창 32:16)

야곱은 얍복 강에서 에서에게 줄 예물을 택하여 보냅니다. 그런데 그 방법이 인간적입니다. 야곱은 두 가지 이유 때문에 예물을 여러 떼로 나누어서 보냈습니다. 첫째는 에서의 묵은 감정을 달래기 위해서입니다. 열 번 찍어 안 넘어가는 사람이 없고, 뇌물은 의인의 마음을 굽게 한다고 했습니다. 계속해서 예물이 오는 것을 보고 감정이 누그러지길 바라는 겁니다. 둘째는, 만일 에서가 예물을 받지 않으면 도망갈 시간을 벌기 위해서입니다. 세상적으로 보면 야곱의 전략은 탁월합니다. 그러고도 야곱은 불안하고 두려워서 처자식과 모든 소유를 앞서 보내고는 홀로 남았습니다.

야곱은 홀로 남았더니 어떤 사람이 날이 새도록 야곱과 씨름하다

가 자기가 야곱을 이기지 못함을 보고 그가 야곱의 허벅지 관절을
치매 야곱의 허벅지 관절이 그 사람과 씨름할 때에 어긋났더라(창
32:24-25)

야곱이 홀로 남았다는 것은 다른 모든 것으로부터 분리된 상태를 말
합니다. 하나님은 야곱을 모든 것에서 분리시키고 결판을 내기로 작정
하셨습니다. 여기서 '씨름'의 어근은 '먼지가 쌓이다', '붙잡다'에서 나
온 것으로 먼지가 일어나 쌓일 정도로 서로 붙잡고 격렬하게 싸우는
모습을 말합니다. 그들은 날이 새도록 치열하게 싸웠지만 결과는 하나
님이 야곱을 이기지 못했다고 합니다. 진 게 아니라 이기지 못한 것입
니다.

어느 성도의 옆집에 무지하게 고집 센 아이가 살았다고 합니다. 하
루는 그 아이 엄마가 매를 들고 아이를 때렸습니다.

"오늘 너 가만 안 둘 거야. 잘못했다고 빌어! 잘못했다고 말할 때까
지 맞는 거야!"

그런데 이 아이가 절대 잘못했다고 하지 않고 몸을 부들부들 떨면서
맞고 있는 겁니다. 이러다 아이가 잘못될까 두려워서 엄마가 포기했습
니다.

"내가 졌다. 네 고집에 내가 졌다."

결국 이 아이의 고집을 엄마가 못 꺾은 겁니다.

얍복 강에서의 씨름은 기도가 아니라 하나님이 야곱을 꺾기로 작정
하신 사건입니다. 벧엘에서도 만나 주셨고, 라반의 집에서도 기업을 세

워 주셨고, 라반의 추격도 막아 주셨습니다. 야곱은 매 순간 하나님의 보호를 경험했음에도 결정적인 순간에는 자신의 수단과 방법을 의지 했습니다. 하나님은 야곱을 이스라엘로 바꾸어서 사용하고 싶은데 야 곱은 여전히 자기를 드러내려 합니다.

그래서 날이 새도록 야곱의 고집을 꺾으려 했으나 야곱이 끝까지 고 집을 굽히지 않자, 하나님이 야곱의 고집을 이기지 못했습니다. 다만 그의 환도뼈를 만지셨습니다. 여기서 '치매'는 '닿다', '만지다'란 뜻으 로 하나님이 야곱을 때린 것이 아니라 단지 만지기만 하셨다는 의미입 니다. 하나님이 살짝 만지기만 해도 우리의 힘은 무너집니다. 환도뼈가 위골되어서 도망가기도 힘들게 되자 그때서야 야곱이 축복해 달라고 붙잡기 시작합니다. 자신의 힘이 꺾여야 고집이 꺾이는 것입니다. 하나 님이 힘이 없어서 우리의 삶을 놔두는 것이 아닙니다. 살짝 만지기만 해도 우리의 고집은 꺾입니다. 하나님이 기다리실 때 스스로 고집을 내 려놓으시기 바랍니다.

> 그 사람이 그에게 이르되 네 이름이 무엇이냐 그가 이르되 야곱이
> 니이다 그가 이르되 네 이름을 다시는 야곱이라 부를 것이 아니요
> 이스라엘이라 부를 것이니 이는 네가 하나님과 및 사람들과 겨루
> 어 이겼음이니라(창 32:27-28)

히브리인들에게 '이름'은 부르는 것을 넘어서 그 사람의 존재 자체 를 의미합니다. 하나님이 묻습니다.

"너는 어떤 삶을 살아왔니?"

"사람의 발꿈치를 잡고 약탈자의 인생을 살았습니다."

야곱의 이름은 '약탈자'란 뜻을 가지고 있습니다.

"다시는 약탈자로 살지 마라. 앞으로는 이스라엘로 부를 것이니까 하나님을 붙잡고 살아라."

'이스라엘'은 '하나님과 겨루어 이겼다'는 뜻입니다. 하나님은 야곱의 본질을 바꾸기 위해 지금까지 만들어 오셨습니다. 그런데 이스라엘이라는 이름의 의미가 선뜻 다가오지 않습니다. 아무리 봐도 하나님과 겨루어 이긴 것 같지 않기 때문입니다.

> 야곱을 그 행실대로 벌하시며 그의 행위대로 그에게 보응하시리라 야곱은 모태에서 그의 형의 발뒤꿈치를 잡았고 또 힘으로는 하나님과 겨루되 천사와 겨루어 이기고 울며 그에게 간구하였으며
>
> (호 12:2-4)

야곱은 힘으로 천사와 겨루어 이겼습니다. 고집으로 이긴 것입니다. 그러나 그 고집 때문에 환도뼈가 위골되어서 결국 하나님께 축복해 달라고 울며 간구하게 되었습니다. 이것이 '이스라엘'입니다. 잘나고 대단해서 이스라엘이 된 것이 아닙니다. 못난이 야곱이 이스라엘이 된 것은 하나님께 울며 간구함으로 얻은 이름입니다. 이것을 기억하라는 겁니다. '이스라엘'의 이름을 들을 때마다 하나님께 고집으로 겨룬 야곱을 기억하라는 겁니다. 하나님과 씨름하다가 맞은 옛사람을 기억하라

는 겁니다. 이스라엘은 그 고집이 꺾이고 울며 간구함으로 주어진 이름임을 마음에 새기라는 겁니다. 그러므로 하나님께 고집부리지 말고 하나님만 붙잡고 울며 간구하는 삶을 살라는 뜻입니다.

내가 하나님과 대면하여 보았으나 내 생명이 보전되었다 함이더라(창 32:30)

이스라엘이 된 야곱은 그곳 이름을 '브니엘'이라고 불렀습니다. '브니엘'은 '하나님의 얼굴'이란 뜻입니다. 야곱의 신앙고백이 담겨 있는 이름입니다.

나는 교회를 개척하면서 이름을 '브니엘 교회'라고 짓고 싶었습니다. 하지만 개척 당시 신학대학원을 다니는 학생 신분이었고 장소도 주일에만 어린이집을 빌려서 예배를 드렸기 때문에 따로 간판도 없었습니다. 그리고 주변 사람들이 간판도 없이 개척하는데 쉬운 이름을 하라고 권면하였습니다. 하지만 지금도 우리 교회가 브니엘 교회였으면 합니다. 우리 성도들이 세상에 나가 힘들게 살다가 교회에 와서 하나님의 얼굴을 보고 위로받고 힘을 얻기를 바라기 때문입니다.

하나님을 아는 지식이 있어야 신앙이 바르게 자랄 수 있습니다. 그러나 아는 지식으로 끝나선 안 됩니다. 하나님은 그 지식이 종국에는 삶의 고백이 되기를 원하십니다. 그래서 하나님이 우리의 삶을 만지시는 것입니다. 우리 모두는 지식이 삶이 되기까지 과정을 밟아 나가야 합니다.

주님과 함께한 시간이 있고 자란 게 있다면 성공한 사람입니다. 세상적으로 성공했어도 주님에 대해 무지하다면 실패한 인생입니다. 인생이 끝나고 주님 앞에 서면 밝혀질 것입니다.

야곱의 눈이 바뀌다

절뚝거리는 야곱 앞에 드디어 에서가 나타났습니다.

> 에서가 달려와서 그를 맞이하여 안고 목을 어긋 맞추어 그와 입 맞
> 추고 서로 우니라(창 33:4)

'달려와서, 안고, 어긋맞고, 입 맞추고, 우니라.'

와우계속법[와우(ㅣ)=그리고]으로 쓰였습니다. '그리고'가 들어가면 행동이 연속적으로 이어지고 있음을 나타냅니다. 야곱이 절뚝거리면서 일곱 번을 절하고 나아가니 에서가 칼을 들고 오는 것이 아니라 달려와서, 안고, 어긋맞고, 입 맞추고, 울었다고 합니다.

> 에서가 눈을 들어 여인들과 자식들을 보고 묻되 너와 함께한 이들
> 은 누구냐 야곱이 이르되 하나님이 주의 종에게 은혜로 주신 자식
> 들이니이다(창 33:5)

에서가 "너와 함께한 이들은 누구냐"고 물었을 때 야곱은 자식들 얘

기만 하고 아내들 얘기는 하지 않았습니다. 고대 근동에서는 부인에 대해 언급하지 않는 것이 관례였기 때문입니다. 다른 남자가 아내에게 관심을 두면 안 되기 때문입니다.

에서와 야곱은 장자의 축복권을 누가 갖느냐를 놓고 싸웠습니다. 야곱이 일방적으로 빼앗으려 했지요. 그러나 야곱이 하나님을 깊이 체험하고 나자 본질이 바뀌었습니다. 에서를 자극하지 않기 위해 하나님이 내게 자식들을 은혜로 주셨다고 말하고 있습니다. 에서와 싸우는 것을 피하고 있는 것입니다.

성화 과정에서 반드시 훈련받아야 할 것 중 하나가 '말'입니다. 입에 재갈을 물려야 할 정도로 중요합니다. 재갈 물리기는 생각보다 아주 간단합니다. 옳은 것이 아니라 상대에게 유익한 것을 살피는 것입니다. 어떤 경우라도 말로 인한 분쟁은 피해야 합니다. 누구든지 옳고 그름을 알려 줘도 옳은 것으로 자신을 변화시키기는 어렵습니다. 옳음을 따라 살지 마시기 바랍니다. 바른 판단을 해준 것이 오히려 상처와 원한을 남길 수 있습니다.

지혜란 상대방을 세우라고 하나님이 우리에게 주신 선물입니다. 그래서 지혜는 자기만 보이는 사람에게는 감춰진 보화입니다. 지식이 머리 중심으로 옳고 그름을 따진다면 지혜는 상대 중심으로 상대방을 어떻게 지혜롭게 다룰 것인가를 고민합니다. 지혜로운 사람은 어떤 순간에도 상대방의 약점이나 자존심을 건드리지 않습니다. 약점을 건드려서 감정에 상처를 내면 회복하기 어렵습니다. 하지만 우리는 상대 때문에 화가 나면 그에게 상처를 줘야 속이 후련합니다. 결과는 관계의 파

괴입니다. 그래서 절대 해서는 안 되는 일입니다.

> 그때에 여종들이 그의 자식들과 더불어 나아와 절하고 레아도 그
> 의 자식들과 더불어 나아와 절하고 그 후에 요셉이 라헬과 더불
> 어 나아와 절하니 에서가 또 이르되 내가 만난 바 이 모든 떼는 무
> 슨 까닭이냐 야곱이 이르되 내 주께 은혜를 입으려 함이니이다(창
> 33:6-8)

뒤에 선 가족들이 야곱과 똑같이 행동합니다. 야곱이 세운 순서대로 나아옵니다. 실바와 빌하는 여전히 여종으로 불립니다. 첩이라고 부르지 않습니다. 여종이 자식들과 나오고 레아가 자식들과 나오고 라헬이 나옵니다.

여기서 다른 점이 하나 있는데, 다른 사람들은 어머니가 앞서고 자식들이 뒤에 서는데 라헬은 아들 요셉이 앞섰다는 것입니다.

여기에는 두 가지 의미가 있습니다. 첫째, 요셉이 보통 자식이 아니라 나중에 야곱의 뒤를 이을 자식이기 때문입니다. 둘째, 요셉의 나이가 아직 어리기 때문입니다. 어쨌거나 요셉은 아직 어려서 어머니 라헬보다 앞서가지만 야곱의 뒤를 이어 이스라엘 역사의 주인공이 될 것입니다.

야곱이 20년 만에 만난 에서에게 예물을 바칩니다. 당시에 적대관계에 있던 사람이 화해를 청할 때는 예물을 보내곤 했습니다. 상대가 예물을 받으면 드디어 화해가 성사되는 것입니다.

"내가 만난 바 이 모든 떼는 무슨 까닭이냐?"

에서가 몰라서 물었을까요? 에서도 그것이 화해의 예물임을 알았을 것입니다.

"은혜를 입으려 함이니이다."

은혜는 덮는다는 의미도 있습니다. 하나님께 은혜를 받았다는 것은 내가 잘나서가 아니라 하나님이 덮어 주셨기 때문입니다. 노아의 아들 함은 아비의 수치를 드러냈으나 셈과 야벳은 뒤로 가서 허물을 덮었습니다. 이것이 하나님의 마음입니다. 은혜 입기를 원한다는 것은 과거의 일은 청산하고 형 에서와 화해하기 원한다는 뜻입니다.

> **에서가 이르되 내 동생아 내게 있는 것이 족하니 네 소유는 네게 두라**(창 33:9)

고대 근동에서는 화해의 표시로 준 선물을 받지 않는 것은 거절의 의미입니다. 그런데 에서가 동생과 화해는 하겠지만 물질은 안 받겠다고 합니다. 야곱이 객지에 나가 20년 동안 번 것보다 자기가 훨씬 더 많이 가졌으니 필요없다고 합니다.

하나님의 축복은 야곱이 받았습니다. 속임수를 쓰면서까지 받은 축복입니다. 그런데 이제 보니 에서가 더 많이 가졌습니다. 하나님의 축복을 받은 사람보다 축복을 받지 못한 사람이 더 부유합니다. 부유함을 가지고 하나님의 축복을 가늠할 수 있습니까? 아닙니다. 세상적인 부유함이 하나님의 은혜라고 생각하면 오산입니다.

야곱이 하나님의 은혜로 두 떼를 이뤘다고 고백했는데, 하나님을 믿지 않았다면 세 떼, 네 떼를 이뤘을지도 모릅니다. 라반을 보십시오. 야곱이 두 떼를 이루어 고향으로 돌아갔지만 라반은 여전히 부유하고 힘이 있습니다. 에서도 야곱보다 더 부유하고 강합니다. 야곱이 여전히 세상적인 것에서는 에서에게 밀리고 있는 것입니다. 그러나 야곱의 축복은 세상적인 것을 넘어섭니다. 세상 것으로 증명되는 것이 아닙니다.

> 야곱이 이르되 그렇지 아니하니이다 내가 형님의 눈앞에서 은혜를 입었사오면 청하건대 내 손에서 이 예물을 받으소서 내가 형님의 얼굴을 뵈온즉 하나님의 얼굴을 본 것 같사오며 형님도 나를 기뻐하심이니이다 (창 33:10)

히브리인들은 눈을 단순히 보는 것만이 아니라 마음속 감정과 생각을 드러내는 통로라고 생각했습니다. 눈에 보이는 것에 마음과 관심이 가듯이, 똑같이 길을 가더라도 사람마다 보는 게 다릅니다. 내 친한 친구는 여자를 보면 머리부터 발끝까지 한눈에 스캔해서 뭘 입었고 무슨 액세서리를 했는지까지 압니다. 하지만 나는 사람을 만나도 뭘 입었는지 어떤 액세서리를 했는지 잘 모릅니다. 사람은 자기가 관심 있는 곳에 눈이 머물게 되어 있습니다.

자기가 관심 있게 보게 되면 보는 것으로 끝나지 않고 그것이 곧 마인드로 발전하게 됩니다. 그래서 보는 것이 굉장히 중요합니다. 히브리인들이 눈을 단순히 보는 것을 넘어서서 마음의 통로로 보는 이유가 여기에 있습니다. 보는 것이 곧 마인드가 되기 때문입니다. 안 보던 것도 계속해서 보면 마인드가 생기지요. 그러므로 보는 것과 듣는 것을 잘해야 합니다. 그렇지 않으면 원하지 않는 것이 나의 마인드가 될 수 있습니다.

야곱의 눈에 에서가 어떻게 보였습니까?

"내가 형님의 얼굴을 뵈온즉 하나님의 얼굴을 본 것 같사오며 형님도 나를 기뻐하심이니이다."

이것이 예물을 드린 이유입니다. 단순한 화해를 넘어서 에서의 얼굴에서 하나님의 얼굴을 봤다는 겁니다. 놀랍습니다. 야곱이 그만큼 변했다는 뜻이기 때문입니다. 야곱의 눈이 바뀐 겁니다.

어떻게 보느냐에 따라 달라집니다. 똑같은 고난도 내 눈으로 보면 고난이고 하나님의 눈으로 보면 은혜입니다. 요셉이 애굽으로 팔려 간 사건은, 형들의 눈으로 보면 인신매매이지만, 하나님의 눈으로 보면 하나님의 주권이자 섭리입니다. 무엇을 보느냐, 어떻게 보느냐에 따라 완전히 다른 해석이 나오는 것입니다.

죄의 그늘에서 본다면 에서는 여전히 대적이요 원수로 보일 수 있습니다. 여전히 장자권을 가지고 다투어야 하는 존재인 것입니다. 하나님의 선택을 모르고 자기 눈의 안목으로만 보면 그렇습니다. 그러나 축복은 뺏는다고 뺏기는 것이 아닙니다. 오늘에 이르러서야 야곱은 하나님의 눈으로 에서를 보기 시작했습니다. 하나님의 섭리 가운데 있는 자신과 형 에서를 보게 된 것입니다.

하나님은 신실하시고 실수가 없으십니다. 이 고백대로라면 모든 것이 하나님 손에 있지 않습니까? 그런데 우리는 하나님의 손에 있다고 하면서도 실제 삶에서는 마치 하나님이 없는 것처럼 살아갑니다. 자신의 관점에서 봐서 그렇습니다.

누구와 하나가 되려면 먼저 내 속에 있는 독기부터 빼야 합니다.

백일도 안 된 첫째를 데리고 아내와 함께 온누리교회 부활절 부흥회에 갔을 때입니다. 하용조 목사님이 '항상 기뻐하라. 쉬지 말고 기도하라. 범사에 감사하라'는 제목으로 3일 동안 집회를 하셨는데, 가장 인상적인 말씀이 회개를 하면 눈에 독기가 빠진다는 내용이었습니다. 내가 하나님 쪽을 보면 첫 번째 나타나는 양상이 내가 붙잡았던 독기가 빠진다는 것입니다. 눈에 독기가 빠져야 입에서 독기가 빠집니다. 입에서 독기가 빠지지 않으면 기어코 한마디 해야 속이 시원해집니다. 그 순간 상대와의 관계는 틀어지고 맙니다.

남에게 예수님을 믿으라고 말하기 전에 내가 먼저 변화되어 주님에 대한 감사를 드러내는 삶을 살아야 합니다. 이것이 전도입니다. 보는 눈이 달라지기 위해 나를 바꿔 달라고 기도해야지 남을 바꿔 달라고 기도해도 소용이 없습니다.

하나님은 당신을 훌륭하게 만들고 싶으십니다.

모든 부모는 남의 자식한테는 관대합니다. 공부를 못해도 착하면 된다고 하고 그래도 건강한 것이 복이라고 위로해 줍니다. 그러나 자기 자식한테는 그럴 수가 없습니다. 내 자식은 건강하기만 해선 안 되는 것입니다. 건강할 뿐만 아니라 착해야 하고 누구보다 멋져야 합니다. 하나님도 마찬가지입니다. 그래서 야곱을 만지셨고, 우리를 만지십니다.

하나님이 내게 은혜를 베푸셨고 내 소유도 족하오니 청하건대 내
가 형님께 드리는 예물을 받으소서 하고 그에게 강권하매 받으니
라(창 33:11)

히브리어 성경에는 '하나님이 내게 은혜를 베푸셨고' 앞에 '왜냐하면'이 있습니다. 설명을 더하는 겁니다.

"왜냐하면 하나님이 내게 은혜를 베푸셨고 내 소유도 족하오니."

에서가 받아야 하는 이유를 설명하는데, 하나님이 주신 족한 은혜를 나누고 싶다는 것입니다. 중요한 것은 '청하건대, 예물을, 강권하매'와 같은 표현입니다. 20년 만에 태도와 자세가 달라졌습니다. 선물을 줄 때 선물보다 중요한 것은 그 사람의 말과 태도입니다. 마음과 정성이 느껴져야 선물이 선물다운 법입니다.

하나님도 똑같으십니다. 아벨의 제사는 받지만 가인의 제사는 받지 않으셨습니다. 예물이 문제 있었다는 얘기입니까? 아닙니다. 성경에 보면 '아벨과 그의 예물', '가인과 그의 예물'이라고 했습니다. 가인의 삶이 온전했는데 그 예물이 틀렸다는 말이 아니라 가인 자체를 하나님이 안 받으신 것입니다. 가인 자체가 하나님 앞에서 온전하지 못했기 때문입니다.

하나님은 우리의 삶 자체가 온전하기를 원하십니다. 예물의 가치는 예물 자체보다 드리는 자의 마음과 태도가 중요합니다. 물질을 가지고 하나님의 마음을 녹여 보겠다고요? 소용없습니다. 하나님은 예물을 드리는 자의 정성과 기쁨과 태도를 보십니다.

에서가 이르되 우리가 떠나자 내가 너와 동행하리라(창 33:12)

야곱의 진심을 보고 에서의 마음이 변했습니다. 옛날에 속이고 다투던 야곱이 달라진 것을 보고 에서의 마음도 변한 것입니다. 그래서 야곱을 호위해 주겠다고까지 제안합니다. 하지만 야곱은 여전히 불안합니다.

> 야곱이 그에게 이르되 내 주도 아시거니와 자식들은 연약하고 내
> 게 있는 양 떼와 소가 새끼를 데리고 있은즉 하루만 지나치게 몰면
> 모든 떼가 죽으리니 청하건대 내 주는 종보다 앞서가소서 나는 앞
> 에 가는 가축과 자식들의 걸음대로 천천히 인도하여 세일로 가서
> 내 주께 나아가리이다 에서가 이르되 내가 내 종 몇 사람을 네게
> 머물게 하리라 야곱이 이르되 어찌하여 그리하리이까 나로 내 주
> 께 은혜를 얻게 하소서 하매(창 33:13-15)

야곱이 옛날 같으면 잔머리를 굴렸을 텐데 이제는 진심으로 은혜에 감사하고 있습니다. 이때 야곱의 나이가 90이 넘었습니다. 이제야 에서와 겨우 화해하게 된 것입니다. 그런데 에서의 호의를 잘못 거절하면 다시 문제가 될 수도 있습니다.

살면서 가장 어려운 것 중 하나가 상대의 호의를 잘 거절하는 것입니다. 나는 목회를 시작하면서부터 지금까지 주례와 장례, 심방을 가면서 사례비를 받지 않습니다. 감사한 마음이 있으면 교회에 헌금하라고 합니다. 그러는 이유는, 안 그래도 부족한 내가 물질로 인해 변질될까

두렵기 때문입니다.

한번은 내가 소개해 준 형제, 자매가 예쁘게 사귀더니 결혼을 하게 되었습니다. 양가 부모님이 두 사람이 결혼한 것에 대해 감사의 표시로 선물을 보내 주었습니다. 굉장히 큰 금액이 들어 있었습니다. 하지만 물질보다 그 마음이 느껴져서 그냥 돌려보내기가 미안해서 고민하다가 일단 받았습니다. 그리고 넉 달 후 설날 즈음에 결혼한 부부를 불렀습니다. 그동안 감사의 마음을 잘 간직했다면서 그 돈을 돌려주며 이제 내 마음을 받아 달라고 했습니다. 상대의 호의를 잘못 받으면 상대의 마음을 상하게 할 수 있기 때문입니다.

야곱은 지금 90여 년을 다투던 에서의 호의를 거절하고 있습니다. 그런데 에서가 마음이 상하지도 않고 야곱을 의심하지도 않고 돌아갔습니다. 야곱의 거절 속에 진심이 느껴졌기 때문입니다. 야곱이 아주 훌륭해진 것입니다.

우리 인생도 야곱과 같습니다. 세상 것으로 싸우고 갈등하고 위기에 처하기도 하지만 하나님의 만지심으로 변화되어야 합니다. 야곱처럼 훌륭해지는 과정을 겪어야 합니다. 그리고 그것은 끝이 없습니다. 성화의 과정은 끝없이 겪어야 하는 것입니다.

Chapter 6

하나님의 사람이
되어 가다

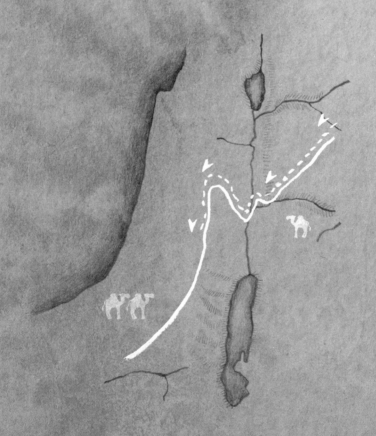

약속을 잊으면 목적지를 잃는다

야곱의 최종 목적지는 아버지 이삭이 있는 헤브론입니다.

> 야곱이 기럇아르바의 마므레로 가서 그의 아버지 이삭에게 이르
> 렀으니 기럇아르바는 곧 아브라함과 이삭이 거류하던 헤브론이더
> 라(창 35:27)

1세대 믿음의 선택 아브라함, 2세대 믿음의 사람 이삭, 그리고 3세대 야곱, 야곱이 이삭이 있는 곳으로 가야 이 세대가 이어져 가게 됩니다. 최종 목적지는 헤브론입니다.

이삭이 나이가 많고 늙어 기운이 다하매 죽어 자기 열조에게로 돌

아가니 그의 아들 에서와 야곱이 그를 장사하였더라(창 35:29)

훗날 아버지가 돌아가셨을 때 야곱과 에서는 다시 만납니다. 밧단아람에서 돌아왔을 때 형 에서에게 세일을 방문하겠다고 약속했지만 성경에는 야곱이 세일에 갔다는 기록이 없습니다. 아버지 이삭의 장례를 치른 뒤에도 서로 만났다는 기록은 없습니다.

야곱은 처자식과 기업을 풍성히 얻어 헤브론에 돌아왔습니다. 그리고 하나님이 라반과의 문제도 해결해 주셨고, 에서와의 문제도 정리해 주셨습니다. 야곱의 인생에서 가장 편안한 시기를 맞이한 것입니다. 이제부터 야곱의 신앙이 은혜롭게 쑥쑥 자라야 하는데 오히려 이때 역대 최고의 위기를 맞습니다. 딸 디나가 강간을 당하고 디나의 오빠들이 복수를 감행함으로써 가나안의 족속들과 최고조의 긴장관계가 된 것입니다. 하나님이 그들을 두렵게 해서 막아 주셨고 벧엘로 올라가서 피했기에 망정이지 자칫하면 야곱 가문이 몰살될 위기에 처할 뻔했습니다. 가장 큰 문제가 해결되면 신앙이 더 자라야 하는데 놀랍게도 야곱 가문은 가장 큰 위기를 맞습니다.

우리는 흔히 문제가 생기면 "하나님, 이것만 해결해 주시면 열심히 섬길게요" 하지만 절대 그렇지 않습니다. 100퍼센트 거짓말입니다. 이 말은 뒤집어 말하면 이것을 해결해 주시지 않으면 잘 안 섬기겠다는 뜻입니다. 하나님을 섬기는 사람은 조건을 달지 않습니다. 열심히 섬길 사람은 그냥도 잘 섬깁니다. "하나님, 물질을 주시면 선교헌금을 하겠습니다." 거짓말입니다. 선교에 마음이 있는 사람은 평소에 단돈 천 원이라도 합니다. 물질의 축복을 풍족하게 받았다고 해서 더 잘 섬기지 않습니다. 돈을 많이 버는 사람들 중에 십일조를 못하는 사람이 많습니다. 10만 원, 100만 원을 벌 때는 정확하게 합니다. 천만 원부터는 손이 조금 떨립니다. 1억 원이 되면 잔머리를 써서 덜하거나 아예 안 하거나 합니다. 물질이 있다고 후원을 더 하는 것도 아니고 물질이 없다고 후원을 안 하는 것도 아닙니다.

> 야곱은 숙곳에 이르러 자기를 위하여 집을 짓고 그의 가축을 위하여 우릿간을 지었으므로 그 땅 이름을 숙곳이라 부르더라 야곱이 밧단아람에서부터 평안히 가나안 땅 세겜 성읍에 이르러 그 성읍 앞에 장막을 치고 그가 장막을 친 밭을 세겜의 아버지 하몰의 아들들의 손에서 백 크시타에 샀으며 거기에 제단을 쌓고 그 이름을 엘 엘로헤이스라엘이라 불렀더라(창 33:17-20)

야곱은 세겜에 장막을 치고 장막을 친 밭을 하몰의 아들들의 손에서 백 크시타에 샀습니다. 꽤 큰돈입니다. 거기에 제단을 쌓고 그 이름을 엘엘로헤이스라엘이라 불렀습니다. '하나님 하나님 이스라엘의 하나님'이란 뜻입니다.

야곱은 자기를 위하여 집을 짓고 가축을 위하여 우릿간을 지었습니다. 집을 짓는다는 것은 그곳에 오래 거주하겠다는 뜻입니다. 더군다나 가축을 위하여 우릿간을 지었다는 것은 이동하지 않겠다는 뜻입니다. 하나님을 위한 것은 없습니다. 나중에 제단을 쌓긴 했지만 하나님을 먼저 생각한 흔적은 없습니다.

> 아브람이 그 땅을 지나 세겜 땅 모레 상수리나무에 이르니 그때에
> 가나안 사람이 그 땅에 거주하였더라 여호와께서 아브람에게 나
> 타나 이르시되 내가 이 땅을 네 자손에게 주리라 하신지라 자기에
> 게 나타나신 여호와께 그가 그곳에서 제단을 쌓고 (창 12:6-7)

아브라함의 특징이 제단을 쌓는 일이었습니다. 물론 야곱도 아브라함과 이삭의 뒤를 이어서 하나님의 이름을 부르며 하나님의 약속을 고백하기는 합니다. 그러나 야곱은 하나님보다 먼저 자신의 밭을 사들여 그곳에 오래 머물 생각을 했습니다.

밧단아람에서부터 가나안 땅 세겜 성읍에 이르기까지 하나님은 약속을 지키셨습니다.

야곱이 밧단아람에서 평안히 돌아오도록 하셨으며, 하나님이 라반과의 관계를 끊게 도와 주시고 에서와 화해하게 하셔서 여기까지 이끌어 오셨습니다. 하나님은 당신의 약속을 이루셨습니다.

그런데 야곱은 어떻습니까? 하나님이 평안히 돌아오게 하시면 벧엘에 세운 기둥이 하나님의 집이 된다고 서원하지 않았습니까? 이제 하나님이 약속을 이루셨음을 안다면, 마땅히 벧엘로 가서 자신이 서원한 것을 이뤄 드려야지 않겠습니까? 하지만 야곱은 벧엘로 가지 않고 세겜에 머물렀습니다. 평안해지니까 하나님과의 약속을 잊고 나태해진 겁니다. 이것이 야곱에게 큰 문제가 되었습니다.

아직 아이인데 더 이상 키가 자라지 않는다면 그것은 단순히 멈춘 것이 아니라 문제가 생긴 겁니다. 신앙생활에서 제자리란 없습니다. 신앙이 멈추었다면 문제가 생긴 것입니다.

야곱이 세겜에 장막을 치고 밭을 샀다는 것은 벧엘로 가는 여정을 일단 멈췄음을 의미합니다. 바로 이것이 야곱에게 치명적인 문제를 일으킨 원인입니다. 신앙생활에서 멈춰 서게 하는 것이 무엇인지 점검하시기 바랍니다.

어떤 성도는 골프 때문에 헌금도 할 수 없고 교회에서 봉사도 할 수 없다고 합니다. 일찌감치 예배드리고 필드로 나가야 하기 때문에 봉사할 시간도 없고, 골프 실력을 유지하려면 주중에도 연습장에 가야 하기 때문에 헌금할 돈이 없다는 것입니다.

일상의 삶에 지쳐서 골프라도 치면서 쉼을 얻는 것이 신앙생활에 도움이 된다면 하십시오. 그러나 그것이 신앙의 성장을 멈추게 하고 결국에는 하나님을 멀리하게 한다면 결단해야 합니다. 나의 푯대와 부르심의 상이 무엇인지 살펴봐야 합니다.

요즘 부모들이 자녀들과 가장 많이 다투는 이유가 컴퓨터게임 때문입니다. 단순히 게임을 해서 문제가 아니라 게임을 함으로써 해야 할 일을 등한시하는 게 문제입니다. 게임이 일상에 쉼표 역할을 해야지 그것이 일상이 되어선 곤란하지요.

야곱이 벧엘로 가지 않고 멈추니 타락했습니다. 멈추면 제자리가 아니라 퇴보이며 그것은 타락으로 이어집니다. 타락은 주님이 원하는 방향과 과녁에서 빗나가는 것입니다. 벧엘은 야곱에게 과녁이었습니다.

그런데 벧엘로 가지 않고 세겜에 눌러앉아서 제단을 쌓고 예배를 드렸습니다.

> 아무든지 나를 따라오려거든 자기를 부인하고 날마다 제 십자가를 지고 나를 따를 것이니라(눅 9:23)

십자가는 한 번 지는 것이 아니라 매일 져야 합니다. 날마다 자기 십자가를 지지 않는다면 주님을 따라가는 것이 아닙니다. 따라가지 않는다는 것은 자기 삶을 산다는 뜻입니다.

야곱은 계속해서 갔어야 했습니다. 라반의 착취에서 벗어나게 하시고, 에서의 분노를 잠재워 주신 하나님이 당신의 뜻을 이루실 때까지 계속 갔어야 했습니다. 그런데 계속 가지 않고 멈추고 안주해 버렸습니다. 그래서 디나의 사건이 벌어졌습니다.

요나가 물고기 뱃속에서 3일 동안 있었던 것이 요나 자신이 자초한 일이었듯이, 디나의 비극은 야곱이 자초한 일이었습니다. 모든 게 안정되고 평안한 것이 평안이 아닙니다. 에서가 사라진 게 평안이 아닙니다. 에서가 사라지지 않더라도 하나님과 함께하면 그것이 평안입니다. 아무 문제가 없어도 하나님과 관계가 없으면 소망이 없는 것입니다. 우리의 쉼은 앞으로 나아가기 위한 잠시의 휴식이지 땅에 머물기 위한 것이 아닙니다. 하나님이 원하는 자리까지 가는 것이 우리의 목적입니다. 우리는 하나님 쪽으로 나아가지 않으면 안 되는 존재입니다.

정체하면 타락한다

디나는 레아가 낳은 자녀들 중에 제일 막내입니다. 요셉이 에서에게 인사할 때 자기가 뒤에 설지 앞에 설지 분별하지 못했는데, 그렇다면 그의 나이는 많아야 한두 살이었을 것입니다. 디나는 요셉보다 나이가 많았으니 서너 살이지 않을까 합니다. 디나가 서너 살에 세겜에 들어왔는데 결혼할 나이까지 있었다는 것은 거기서 적어도 10여 년은 살았다는 뜻입니다. 잠깐 머문 게 아니었습니다. 이스라엘은 12세부터 성인으로 인정해 주니까 디나가 최소한 열두 살은 넘어서 이 사건이 터진 것이라고 봐야 합니다.

> 레아가 야곱에게 낳은 딸 디나가 그 땅의 딸들을 보러 나갔더니 히위 족속 중 하몰의 아들 그 땅의 추장 세겜이 그를 보고 끌어들여 강간하여 욕되게 하고 그 마음이 깊이 야곱의 딸 디나에게 연연하며 그 소녀를 사랑하여 그의 마음을 말로 위로하고 그의 아버지 하몰에게 청하여 이르되 이 소녀를 내 아내로 얻게 하여 주소서 하였더라(창 34:1-4)

디나는 세겜 땅의 딸들을 '보러' 나갔습니다. 여기서 일차적 의미는 '보다'입니다. '보다'에 전치사가 붙으면 의미가 조금 바뀌는데, '안을 들여다보다'라는 뜻이 됩니다. '매우 세심히 관찰하다, 배우다, 즐기다'로 교제한다는 뜻이고 배우고 즐긴다는 의미입니다.

디나가 그냥 세겜 족속을 보러 간 것이 아니라 그 안에서 즐길 의도가 있었다는 뜻입니다. 방문의 목적이 거기에 있었습니다. 디나는 서너 살부터 결혼할 나이까지 세겜의 문화를 보고 그 속에서 자랐습니다. 그리고 이제 성장하여 스스로 즐기게 된 것입니다.

이것은 아버지 야곱이 만든 상황입니다. 디나는 아브라함과 이삭과 야곱으로 이어지는 믿음의 가정에서 태어났습니다. 마땅히 세상이 아니라 믿음을 배웠어야 하는데, 세상의 재미와 즐거움만 보며 자랐습니다. 디나뿐만 아니라 야곱의 자녀들 모두가 다 틀어져 있습니다. 저마다 혈기가 있고 형제들끼리 싸웁니다. 야곱이 벧엘로 가지 않고 세겜에 오래 머묾으로써 자녀들이 세상의 영향을 깊게 받게 된 것입니다.

사람은 제한된 시간과 공간 속에서 살아갑니다. 이는 시대와 공간에 영향을 받는다는 뜻입니다. 나는 청년들에게 "시험에 안 들려면 시험에 드는 장소를 피하라"고 자주 말합니다.

한번은 청년들과 얘기를 나눌 기회가 있었습니다.

"목사님! 목사님 삶을 들으면 굉장히 힘든 시절을 많이 보내셨는데 어떻게 그 많은 시험과 유혹을 이길 수 있었어요?"

"비법이 있었지."

"어떤 비법이요?"

"나는 정말 힘들고 폭발할 것 같으면 예배의 자리에 갔어. 수요예배, 금요철야기도, 목요일에는 경배와찬양에 갔지."

"찬양과 기도가 돼요?"

"물론 당연히 안 되지."

"그런데도 갔어요?"

"시험에 안 들려고 갔어. 다른 곳에 가면 무슨 일이라도 벌일 것 같아서. 예배드리러 간 게 아니라 타락하지 않으려고 간 거야."

어디에 있느냐가 중요합니다. 인간은 시간과 공간에 영향을 받는 존재이기 때문입니다.

> 히위 족속 중 하몰의 아들 그 땅의 추장 세겜이 그를 보고 끌어들여 강간하여 욕되게 하고(창 34:2)

하몰의 아들이 디나가 오는 것을 우연히 봤던 게 아닙니다. 쭉 지켜봤습니다. 목적을 가지고 자세히 봤습니다. '쟤가 또 오는구나. 날을 잡자.' 이렇게 된 겁니다. 그만큼 디나가 세겜 사람들과 세속적으로 어울려 놀았다는 뜻입니다.

'끌어들여, 강간하여, 욕되게 하고' 세 번이나 강조했습니다. 여자가 왔는데 강제로 끌어들인다는 것은 그 자체가 목적이 있는 행동 아닙니까? 여기서 욕되게 했다는 것은 육체적인 것만이 아니라 종교적으로도 천하게 만들었다는 뜻입니다. 야곱의 딸이 이렇게 수치를 당했습니다.

> 그 마음이 깊이 야곱의 딸 디나에게 연연하며 그 소녀를 사랑하여
> 그의 마음을 말로 위로하고 그의 아버지 하몰에게 청하여 이르되
> 이 소녀를 내 아내로 얻게 하여 주소서 하였더라(창 34:3-4)

아들이 그의 아버지 하몰에게 말하는데, 명령형입니다. 자기에게 달

라고 억지를 부리는 것입니다. 얼핏 여자를 버리지 않고 결혼한다니 다행이라고 생각할 수도 있는데, 추장 아들의 태도를 보면 힘의 논리가 보입니다. 생각하고 행동하는 것이 모두 그렇습니다. 이것이 가장 큰 문제입니다.

결혼을 하려면 우선 여자를 설득해야 합니다. 그런 다음 여자의 부모를 설득하고 마지막으로 자기 부모를 설득해야 합니다. 그런데 하몰의 아들 세겜은 추장인 아버지의 힘만 믿고 일을 성사시키라고 떼를 씁니다. 힘으로 누르면 뜻대로 할 수 있다는 생각이 지배하고 있는 것입니다.

> 야곱이 그 딸 디나를 그가 더럽혔다 함을 들었으나 자기의 아들들
> 이 들에서 목축하므로 그들이 돌아오기까지 잠잠하였고(창 34:5)

야곱은 소식을 들었지만 아들들이 올 때까지 잠잠히 기다렸습니다.

> 세겜의 아버지 하몰은 야곱에게 말하러 왔으며 야곱의 아들들은
> 들에서 이를 듣고 돌아와서 그들 모두가 근심하고 심히 노하였으
> 니 이는 세겜이 야곱의 딸을 강간하여 이스라엘에게 부끄러운 일
> 곧 행하지 못할 일을 행하였음이더라(창 34:6-7)

하몰이 아들의 결혼을 위해 야곱에게 왔습니다. 그런데 먼저 사과부터 해야 하는데 용건부터 말합니다. 무례한 사람입니다.

행하지 못할 일을 했다는 것은, 이 일이 디나의 개인적인 사건이 아니라 하나님의 뜻을 좇지 않는 가문이 당한 부정한 사건이라는 뜻입니다. 야곱은 개인 이름이지만 이스라엘은 국호입니다. 언약 백성과 관계된 것입니다. 야곱을 이스라엘로 강조할 때는 한 개인이 아니라 하나님이 선택하신 언약 백성을 가리킵니다. 디나의 수치는 야곱의 문제만이 아니라 언약의 백성, 이스라엘의 수치입니다. 개인의 문제를 넘어서 하나님의 백성들에게 절대로 일어나서는 안 될 사건이 일어난 것입니다.

> 하몰이 그들에게 이르되 내 아들 세겜이 마음으로 너희 딸을 연연하여 하니 원하건대 그를 세겜에게 주어 아내로 삼게 하라 너희가 우리와 통혼하여 너희 딸을 우리에게 주며 우리 딸을 너희가 데려가고 너희가 우리와 함께 거주하되 땅이 너희 앞에 있으니 여기 머물러 매매하며 여기서 기업을 얻으라 하고(창 34:8-10)

하몰은 사과도 하지 않고 무례하게 "그를 세겜에게 주어 아내로 삼게 하라"고 명령하고 있습니다. 더 기가 막힌 것은 디나를 감금해서 집에 돌려보내지 않았다는 사실입니다.

> 칼로 하몰과 그의 아들 세겜을 죽이고 디나를 세겜의 집에서 데려오고(창 34:26)

하몰이 디나를 데리고 와서 사과하고 결혼을 허락해 달라고 한 게 아닙니다. 디나를 자기 집에 억류시키고는 자기 뜻대로 결혼시키자고 명령한 것입니다. 세겜족의 힘을 과시한 것입니다.

> 세겜도 디나의 아버지와 그의 남자 형제들에게 이르되 나로 너희
> 에게 은혜를 입게 하라 너희가 내게 말하는 것은 내가 다 주리니
> 이 소녀만 내게 주어 아내가 되게 하라 아무리 큰 혼수와 예물을
> 청할지라도 너희가 내게 말한 대로 주리라(창 34:11-12)

"대체 얼마면 돼?" 식입니다. 디나를 오직 물질적 대상으로만 보고 있습니다. 당시에 신부를 데려오려면 지참금을 줘야 했습니다. 야곱도 라헬과 레아를 얻기 위해 14년을 섬겼습니다. 그러므로 세겜의 말은 디나가 당한 것에 대한 보상을 말하는 게 아닙니다. 이 사건에 대해서는 일말의 죄책감도 없습니다. 되레 자기네와 혼인을 맺는 것이 야곱 가문의 영광이 될 것이라고 으스대고 있습니다.

> 너희가 우리와 함께 거주하되 땅이 너희 앞에 있으니 여기 머물러
> 매매하며 여기서 기업을 얻으라 하고(창 34:10)

이 구절에서 '머물러, 매매하며, 얻으라'는 명령어가 세 번이나 나오는 게 흥미롭습니다. 모두가 땅에 관한 내용입니다. 분명한 것은 세겜이 줄 수 있는 것은 땅의 것밖에 없다는 사실입니다. 이스라엘은 땅의 축복을 넘어서 하늘의 축복을 받은 자들입니다. 이스라엘은 땅에 속하

지 않고 하늘에 속한 족속입니다. 야곱이 땅에 안착했더니 땅의 힘에 끌려가고 땅의 것만 보게 되는 수치를 당한 것입니다. 그가 땅에 머문 결과가 이것입니다.

'얻으라'는 표현은 원어에서 보면 미완료형으로 불확실한 것을 말합니다. 땅의 것도 분명하지가 않습니다. 자기 땅이 아니라 생기면, 개척하면 얻으라는 것이니 하몰이 자기는 절대 손해 보지 않겠다는 얘기입니다. 무례할 뿐 아니라 욕심이 많은 사람입니다. 자칫 관대해 보일 수 있으나 전혀 그렇지 않습니다. 온통 땅의 것밖에는 관심이 없습니다. 세상은 이렇듯 결정적인 순간에는 본색을 드러내며 절대 손해 보지 않으려 합니다.

나는 결혼한 부부는 한 통장을 써야 한다고 생각합니다. 한 통장을 써서 하나되는 싸움을 해야 한다고 생각합니다. 세상 사람들은 각자 자기가 번 것을 사수하려고 하지만 믿는 사람들은 기도하면서 재정적으로도 하나되는 노력을 해야 합니다.

> 야곱의 아들들이 세겜과 그의 아버지 하몰에게 속여 대답하였으니 이는 세겜이 그 누이 디나를 더럽혔음이라 야곱의 아들들이 그들에게 말하되 우리는 그리하지 못하겠노라 할례 받지 아니한 사람에게 우리 누이를 줄 수 없노니 이는 우리의 수치가 됨이니라(창 34:13-14)

'수치'란 '불명예, 치욕'을 뜻합니다. 할례를 받지 않은 자, 하나님의 언약 안에 들어오지 않은 자와 결혼하는 것은 불명예와 치욕이라는 것입니다.

갈라디아서 6장을 보십시오.

> 스스로 속이지 말라 하나님은 업신여김을 받지 아니하시나니 사람이 무엇으로 심든지 그대로 거두리라 자기의 육체를 위하여 심는 자는 육체로부터 썩어질 것을 거두고 성령을 위하여 심는 자는 성령으로부터 영생을 거두리라 (갈 6:7-8)

야곱은 젊었을 때 거짓말을 많이 했습니다. 놀라운 것은 그의 자식들도 거짓말을 잘한다는 것입니다. 매우 자연스럽습니다. 그들은 할례를 받지 않은 사람에게 누이를 줄 수 없다고 주장합니다. 진짜로 그들이 할례를 받으면 결혼시킬 마음이 있었을까요? 전혀 아니지요. 할례를 받게 한 다음에 모두 죽여 버리지 않았습니까.

할례는 단순한 포경수술이 아닙니다. 언약 백성과 관련이 있는 것입니다. 출애굽기에서 이스라엘 백성 중에 할례를 받지 아니한 자는 다 제해 버리기까지 했습니다. 이 말은 아무리 아브라함의 씨이고 이스라엘 백성이라는 혈통으로 태어났다고 할지라도 하나님과 언약 관계의 표징인 할례를 받지 않으면 제함을 받는다는 것입니다.

모세가 이스라엘 민족을 구원하기 위해 거룩한 땅에서 하나님을 대면하여 만나고 하나님의 부름을 받아 하나님의 지팡이를 짚고 갔을 때도(출 4:20) 자식들에게 할례를 행하지 않았다는 이유로 하나님이 죽이려고 작정하고 오셨습니다.

> 모세가 길을 가다가 숙소에 있을 때에 여호와께서 그를 만나사 그
> 를 죽이려 하신지라 십보라가 돌칼을 가져다가 그의 아들의 포피
> 를 베어 그의 발에 갖다 대며 이르되 당신은 참으로 내게 피 남편
> 이로다 하니 여호와께서 그를 놓아 주시니라 그때에 십보라가 피
> 남편이라 함은 할례 때문이었더라 (출 4:24-26)

십보라가 그것을 알고 대처했습니다.

할례는 이렇게 중요한 사건입니다. 모세를 죽일 정도로 중대한 언약
의 표시입니다. 이 중요한 할례를 야곱의 아들들은 복수의 도구로 이용
하고자 합니다. 한마디로 하나님에 대한 영적 무지와 영적인 무감각에
서 나온 어리석음의 소치입니다. 하몰을 속이기 위해 어떻게 다른 것도
아닌 하나님과의 언약의 표시인 할례를 이용합니까? 얼마나 거룩한 것
인데, 얼마나 존귀한 것인데 말입니다. 이것이 야곱이 세겜에서 10년
을 머문 대가입니다.

하나님께서 이스라엘에게 원하신 것은 전진입니다. 벧엘을 향해서,
헤브론을 향해서, 목표를 향해서 나아가는 것입니다. 신앙은 날로 자라
며 나아가는 것입니다. 하나님을 닮아 가는 길을 달려가야 하는데, 세
상 목표를 향해 달려가고 돈을 향해 달려갑니다. 그러다가 타락하는 겁
니다. 세상에서 정체하면 곧 타락합니다. 처음부터 벧엘로 곧장 갔으면
이런 일은 없었을 겁니다. 머물면 당합니다.

그런즉 이같이 하면 너희에게 허락하리라 만일 너희 중 남자가 다 할례를 받고 우리같이 되면 우리 딸을 너희에게 주며 너희 딸을 우리가 데려오며 너희와 함께 거주하여 한 민족이 되려니와 너희가 만일 우리 말을 듣지 아니하고 할례를 받지 아니하면 우리는 곧 우리 딸을 데리고 가리라 (창 34:15-17)

어떻게든 하몰 족속이 할례를 받게 하기 위해서 유혹합니다. 아들이 하몰에게 얼마나 중요한지 알고 있기 때문에 최대한 이용한 것입니다. 할례를 하면 부족 간에 하나가 될 수 있다고 기대감을 고조시키는가 하면, 만일 자기네 말을 듣지 않으면 디나를 데려가겠다고 은연중에 협박까지 합니다.

하나님과의 언약의 증표인 할례가 도구로 전락했습니다. 하나님을 이용해서 사기를 치는 것입니다. 얼마나 무서운 일입니까. 하나님마저도 복수에 이용할 정도로 타락했습니다. 그들이 진짜 하나님의 백성인 줄 알았다면 하나님께서 이 백성의 치욕을 친히 갚아 주시리라는 것을 믿어야 했습니다. 살다 보면 억울한 일을 당하는데 그건 주님이 갚아 주실 것입니다. 이것이 믿는 백성의 특징입니다.

그런데 야곱의 아들들 말대로 하몰 족속이 할례를 받으면 그들과 같이 될 수 있을까요? 남자가 세례를 받으면 신앙이 자란다고 믿을 수 있을까요? 결혼하면 잘 믿겠다고 하는데 그럴 수 있을까요? 주님이 만지셔야죠. 사람의 힘으로 되는 일입니까? 야곱의 아들들도 잘 알고 있었습니다. 할례한다고 해서 두 부족이 같아질 수 없다는 것을.

그들의 말을 하몰과 그의 아들 세겜이 좋게 여기므로(창 34:18)

세겜은 디나와 결혼할 수 있는 방법이 생겼기 때문에 좋게 여겼습니다. 그리고 할례 문제를 그다지 진지하게 여기지도 않았습니다. 족속마다 종교상 금기사항이 있게 마련인데, 할례를 히브리인들의 전통쯤으로 이해했던 것입니다. 할례가 언약 백성의 중요한 표징이라는 인상을 받지 못할 정도로 야곱 가문이 타락해 있었다는 증거입니다. 그러니 "그까짓 거 주지 뭐" 하고 안일하게 반응한 것입니다.

또한 하몰과 그의 아들 세겜이 할례를 좋게 여긴 데는 숨겨진 이유가 있습니다. 부족 간에 통혼을 하게 되면 재물도 오가게 됩니다. 결국에는 강한 상대에게 예속되기가 쉽습니다. 하몰이 보기에 이스라엘과의 통혼은 여러 모로 이득이 되는 거래입니다. 세겜 족속이 더 강했기 때문에 야곱의 재산이 자기네 것으로 예속될 가능성이 높았습니다. 이익이 되니까 할례쯤이야 하고 무시할 수 있었습니다. 중요한 건 야곱의 아들들도 이 사실을 알고 있었다는 겁니다.

이 소년이 그 일 행하기를 지체하지 아니하였으니 그가 야곱의 딸을 사랑함이며 그는 그의 아버지 집에서 가장 존귀하였더라(창 34:19)

결혼 적령기의 남자를 소년이라 하고, 결혼 적령기의 여자나 젊은 과부도 소녀라고 합니다. 세겜이 디나를 너무 사랑하여 실수했는데 여전히 사랑하므로 책임을 지겠다고 말합니다.

> 하몰과 그의 아들 세겜이 그들의 성읍 문에 이르러 그들의 성읍 사
> 람들에게 말하여 이르되 이 사람들은 우리와 친목하고 이 땅은 넓
> 어 그들을 용납할 만하니 그들이 여기서 거주하며 매매하게 하고
> 우리가 그들의 딸들을 아내로 데려오고 우리 딸들도 그들에게 주
> 자(창 34:20-21)

하몰은 성에 도착하자마자 중대 발표를 합니다. 여기서 성문은 단순
한 문이 아닙니다. 당시에 성문은 시장이 열리고 재판이 열리는 곳이었
습니다. 세겜이 성문 앞에서 공표했다는 것은 이스라엘과의 통혼 문제
를 법적으로 빨리 끝내 버리겠다는 의지입니다. 정식으로 논의해서 결
정을 내리자는 것입니다.

하몰이 사람들을 설득하는 것을 보십시오. 땅이 넓어 이스라엘 족속
들을 용납할 수 있다고 말합니다. 말을 잘 못하는 사람들은 상대방을
설득하지 않고 자기 생각만 말합니다. 그러나 설득하려면 자신의 필요
를 주장하는 것이 아니라 상대가 해야 할 이유를 설명해야 합니다.

> 그러나 우리 중의 모든 남자가 그들이 할례를 받음 같이 할례를 받
> 아야 그 사람들이 우리와 함께 거주하여 한 민족 되기를 허락할 것
> 이라 그러면 그들의 가축과 재산과 그들의 모든 짐승이 우리의 소
> 유가 되지 않겠느냐 다만 그들의 말대로 하자 그러면 그들이 우리

와 함께 거주하리라 (창 34:22-23)

딸을 빼앗기는 것이 아니라 한 민족이 되는 것이라고 말합니다. 그들과 통혼하면 결국 그들 재산이 우리 것이 될 수 있다고 히든카드를 꺼냅니다. 한 민족이 될 테지만 이스라엘이 우리의 소유가 될 것이라는 논리입니다. 세상은 늘 자기에게 이득이 되는 길을 찾습니다. 자기에게 손해가 되면 움직이지 않습니다. 하몰이 만일 이 통혼이 손해 보는 일이라고 여겼다면 전쟁을 해서라도 디나만 빼앗았을 것입니다.

야곱의 아들들이 이용했지만 하몰 족속도 자기들 욕심 때문에 스스로 당했습니다. 세상은 목적이 한 가지밖에 없습니다. 돈, 명예, 물질입니다. 그들은 맘몬, 즉 돈의 신을 섬깁니다. 세상 신들 중에 맘몬을 이길 만한 신은 없는 것 같습니다.

"다만 그들의 말대로 하자."

돈이 안 든다는 뜻입니다. 잠깐 아프고 말면 벌어들일 수 있는 돈이 얼마인가를 보라는 것입니다.

할례는 이스라엘 백성에게만 있던 풍습이 아닙니다. 고대 근동의 많은 곳에서 행해졌습니다. 그렇다고 하나님이 이방 민족의 풍습을 가져오셨다고 생각하면 안 됩니다.

하나님은 시대의 문화를 잘 아시며 우리가 가진 것 속에 역사하시는 분입니다. 그분은 엉뚱한 것을 가지고 역사하시지 않습니다. 성육신으로 우리 속에서 역사하십니다. 성경도 인간의 언어로 쓰게 하셨습니다. 예수님도 인간의 몸을 입고 오셨습니다. 우리는 삶을 통해, 문화를 통해 하나님을 좇아야 합니다.

예를 들어, 우리 아들이 잘못을 저지르면 나는 어떤 벌을 받겠느냐고 묻습니다. 그러면 아들은 일주일 동안 컴퓨터를 안 하겠다고 스스로 정합니다. 어떤 때는 일주일 동안 휴대전화를 사용하지 않겠다고 합니다. 일주일 동안 휴대전화나 컴퓨터를 금지하는 것으로 나와 아들은 언약 관계에 들어갑니다. 아들이 가진 것들 속에서 휴대전화와 컴퓨터가 특별한 의미를 갖게 되는 것입니다.

세례를 베풀 때 물을 붓는 것도 마찬가지입니다. 물이 특별한 것입니까? 성부와 성자와 성령의 이름으로 물을 사용하니 그 물이 하나님의 은혜가 되는 것입니다. 중요한 것은 하나님의 이름입니다. 이처럼 할례도 그 자체가 특별한 것이 아니라 하나님과의 관계에서 중요한 것입니다. 이스라엘 백성이 하나님과 언약 관계에 들어갔기 때문에 할례가 중요한 것입니다.

다른 민족들에게 할례 풍습이 있었다고 하더라도 하나님과의 언약의 증표는 이스라엘의 할례뿐이었습니다. 하나님이 의미를 두시는 순간 다른 모든 할례들과 이스라엘의 할례는 다른 것이 됩니다.

하나님은 문화 속에서 역사하십니다.

이것을 야곱의 아들들이 알고 있었습니다. 야곱을 닮아 잔머리에 능합니다. 다른 부족들도 할례를 하고 있고, 할례하는 데 돈이 들어가는 것도 아니니 그들이 어렵지 않게 받아들일 것을 알았습니다. 야곱의 아들들은 복수하기 위해 할례를 이용해 속임수를 쓴 것입니다. 하나님과의 언약의 표시를 이런 식으로 도용한 것입니다. 속이는 자, 야곱의 아들들답습니다.

> 성문으로 출입하는 모든 자가 하몰과 그의 아들 세겜의 말을 듣고
> 성문으로 출입하는 그 모든 남자가 할례를 받으니라 제삼일에 아
> 직 그들이 아파할 때에 야곱의 두 아들 디나의 오라버니 시므온과
> 레위가 각기 칼을 가지고 가서 몰래 그 성읍을 기습하여 그 모든
> 남자를 죽이고(창 34:24-25)

할례 후 3일째에 통증이 가장 심하다고 합니다. 염증으로 인해 고열
이 나는 등 셋째 날이 가장 큰 고비입니다. 다 큰 어른들이 할례를 받고
앓아누웠습니다. 이때 시므온과 레위가 나섰습니다.

> 칼로 하몰과 그의 아들 세겜을 죽이고 디나를 세겜의 집에서 데려
> 오고 야곱의 여러 아들이 그 시체 있는 성읍으로 가서 노략하였으
> 니 이는 그들이 그들의 누이를 더럽힌 까닭이라 그들이 양과 소와
> 나귀와 그 성읍에 있는 것과 들에 있는 것과 그들의 모든 재물을
> 빼앗으며 그들의 자녀와 그들의 아내들을 사로잡고 집 속의 물건
> 을 다 노략한지라(창 34:26-29)

칼날이 살을 먹을 정도로 무참한 학살이 벌어졌습니다. 집 안에 있
는 것이나 성읍에 있는 것, 들에 있는 것이나 아주 작은 것까지 모두 약
탈했습니다. 여기서 약탈은 전쟁 시 군인들이 패잔 병영에 가서 약탈한

것을 말합니다. 단순히 디나의 복수라고 보기엔 지나치게 잔인합니다. 학살이며 도살입니다. 야곱의 가정이 얼마나 타락했는지가 여실히 드러나고 있습니다. 벧엘에서 하나님을 만나 은혜를 입은 야곱이 밧단아람에서 20년간 믿음을 쌓고 돌아와 세겜에서 10여 년 머무르는 동안에 이 지경이 되었습니다. 세상 사람들보다 더 악랄해졌습니다. 세상 사람들은 하나님의 것을 이용할 줄 모르는데 야곱의 아들들은 하나님의 것을 이용할 뿐만 아니라 다른 족속을 속여 처참하게 도륙하고 약탈했습니다.

사람은 의존적인 존재이며, 하나님 한 분만 자존적이고 독립적입니다. 우리는 스스로 존재하지 못합니다. 하나님을 의존하지 않으면 다른 것을 의존할 수밖에 없습니다. 세상 사람들은 돈과 세상을 의존합니다. 그들은 통장을 봐야 안정감을 느끼지만 우리는 하나님을 봐야 비로소 평안을 느낍니다.

그런데 하나님을 믿고 좇던 사람이 세상으로 나갈 때는 더 무서워집니다. 영적인 것을 맛본 자의 공허감이 더 크기 때문에 타락도 무섭게 합니다.

야곱의 아들들이 디나의 복수만을 원했을까요? 훨씬 더 심하게 했습니다. 실추된 가문의 자존심을 높이기 위해서라도 비열하고 극악무도하기까지 합니다.

야곱이 시므온과 레위에게 이르되 너희가 내게 화를 끼쳐 나로 하여금 이 땅의 주민 곧 가나안 족속과 브리스 족속에게 악취를 내게

하였도다 나는 수가 적은즉 그들이 모여 나를 치고 나를 죽이리니
그러면 나와 내 집이 멸망하리라(창 34:30)

야곱은 욕먹어 마땅한 행동을 했다고 아들들을 책망합니다. 그런데 지금까지 야곱을 지킨 것은 자신의 힘이 아니었습니다. 야곱이 힘이 있어서 라반을 이기고 에서를 이겼던 게 아니지 않습니까? 하나님이 지켜 주셨고, 막아 주셨기 때문입니다. 그걸 경험한 사람이 하나님께 다시 돌아갈 생각은 하지 않고 살 방도를 걱정한다는 것은 야곱이 그동안 얼마나 안일해졌는지를 보여 줍니다.

야곱은 여전히 세겜에서 안주하고 싶은 것입니다. 애써 정착한 땅을 떠나기 싫은 것입니다. 그는 이제 살 만한데 왜 문제를 일으켰느냐고 아들들을 책망합니다. 과연 그렇습니까? 아니지요. 문제가 터졌을 때는 그 문제를 하나님 앞에서 점검하고 하나님께 나아가야 합니다. 당장 벧엘을 먼저 떠올렸어야죠. 더 나아가지 않고 중간에 멈추어 안주했음을 깨달아야죠. 안일해진 야곱은 자기가 망하게 된 것만 생각하고 염려하기 시작했습니다. 하나님을 까맣게 잊었습니다. 하나님을 좇지 않고 세상을 바라보면 땅의 것만 보게 되어 있습니다.

목사도 하나님을 바라보며 기도할 때는 경건해 보입니다. 그러다 하나님을 바라보지 않으면 목사가 어떻게 저럴 수가 있느냐는 소리를 듣게 됩니다. 자기를 스스로 지켜 낼 장사가 없는 겁니다. 하나님 쪽으로 달려가지 않으면 못 버팁니다. 야곱이 바로 그 증거입니다.

그들이 이르되 그가 우리 누이를 창녀같이 대우함이 옳으니이까

(창 34:31)

사실 하몰의 아들 세겜이 디나를 창녀처럼 대하지는 않았지 않습니까? 너무 좋아서 범했다고 했습니다. 잘못을 저질렀지만 결혼하고 싶다고 했습니다. 디나를 창녀처럼 대했다는 아들들의 주장은 과장입니다. 자기들의 잘못을 합리화하기 위해 일부러 과장한 것입니다. 하나님께 나아가는 대신에 자기합리화부터 하고 있습니다.

하나님이 약속하신 땅에 들어왔지만 벧엘로 향하던 걸음을 멈추고 중간에 머물렀더니 야곱의 인생에서 가장 불행한 일이 벌어졌습니다. 창세기에서 야곱에게 가장 중요한 장은 28장과 32장입니다. 28장은 밧단아람으로 가는 길에 벧엘의 하나님을 만나 깊은 영적 체험을 했기 때문이고, 32장은 마침내 약속대로 밧단아람에서 돌아왔기 때문이며, 여기서 그의 고집이 꺾이고 이스라엘로 바뀌는 본질적인 영적 변화가 일어났기 때문입니다.

하나님의 역사가 있고 본질적으로 변화됐다고 해서, 신앙이 저절로 자라는 것이 아닙니다. 구원을 받았더라도 신앙이 정체되면 오히려 구원받지 못한 사람보다 더 악하게 살 수 있습니다. 말씀과 은혜로 자라지 않으면 세상 사람들보다 더 추악해질 수 있는 것이 우리입니다.

하나님을 좇는다는 것은 하나님을 알아 가고 하나님을 배워 가는 것입니다. 하나님 쪽으로 달려가는 것입니다. 하나님을 알지 못하면 아무것도 아닙니다. 살면서 빛과 소금의 선한 일을 하는 것이 중요하지요.

그러나 더 중요한 것이 있습니다. 바로 하나님을 알아 가는 일입니다. 이것이 신앙입니다.

머물러 있으면 타락합니다. 본질이 바뀌었는데 오히려 더 큰 시험에 듭니다. 오늘 하루 생명이 주어졌다는 것은 달려갈 데가 있다는 것입니다. 그러니 머무르지 마십시오.

지금까지 마커스워십과 갈등이 한 번도 없었느냐고 묻는 사람들이 있습니다. 갈등이 없는 곳이 어디 있겠습니까? 둘로스선교회도 교회도 사람이 모인 곳에는 언제나 갈등이 일어납니다. 그렇다면 어떻게 극복했을까요? 답은 간단합니다. 나는 언제든지 내려놓을 각오가 되어 있기 때문에 연연하지 않습니다. 그러니 갈등할 게 없습니다.

살다 보면 억울하게 당하는 일이 많습니다. 하나님이 갚으십니다. 그냥 자기 할 일만 하면서 나가면 되는 겁니다. 염려하지 말고 가면 됩니다. 그러면 하나님은 하나님의 일을 하십니다.

야곱은 자신의 능력과 실력으로 주님을 좇았던 게 아닙니다. 하나님이 야곱을 이끌어 가셨던 것입니다. 이것이 역설적으로 내가 야곱을 좋아하는 이유 중 하나입니다. 아브라함을 보면 너무 잘나서 가끔 위축됩니다. 이삭도 모리아 산에서 한 순종이 너무 대단합니다. 요셉은 범접하기도 힘든 모범생입니다. 그에 비하면 야곱은 끊임없이 좌충우돌합니다. 다리가 부러질 때까지 하나님께 덤비고, 한없는 은혜를 줘도 여전히 세상을 좇습니다. 야곱이 이렇게 모자라서 좋습니다. 그런데 야곱에게는 좋은 점이 하나 있습니다. 여전히 세상적이면서도 하나님이 나타나서 말씀하시면 바로 반응한다는 것입니다.

일어나 벧엘로 가자

별안간 감당하기 힘든 위기가 닥치면 분별이 잘 안 됩니다. 하지만 분별력은 어느 날 갑자기 생기는 것이 아닙니다. 평소에 연습하고 훈련해야 합니다. 하나님의 뜻을 분별하는 것도 마찬가지입니다. 문제가 터져서 하나님의 뜻을 듣고 분별하려고 할 때는 이미 늦습니다. 평상시에 순수하게 하나님을 따라가면 분별이 됩니다. "이게 뭐지?" 하면 벌써 뭔가 들어온 것입니다. 뭔가 들어왔다는 것은 내 안에 내가 붙잡고 집착하는 것이 생겼다는 뜻입니다. 사기는 아무나 당하는 게 아닙니다. 당할 만한 것이 이미 내 안에 있기 때문에 당합니다. 내 안에 있기 때문에 헷갈리고 분별이 안 되는 것입니다.

가끔 땅을 사라는 전화가 옵니다. 개척교회 목사라고 하면 상대방이 알아서 전화를 끊습니다. 그런데 "땅이요?" 하고 되물으면 그 순간 걸려듭니다. 자기가 붙잡고 있기에 고민하는 것이고 내 안에서 집착하기에 시험에 드는 것입니다. 자세히 자신을 잘 살펴보시기 바랍니다. 본인이 원하는 바가 이미 자기 안에 있지 않습니까?

> 하나님이 야곱에게 이르시되 일어나 벧엘로 올라가서 거기 거주
> 하며 네가 네 형 에서의 낯을 피하여 도망하던 때에 네게 나타났던
> 하나님께 거기서 제단을 쌓으라 하신지라 (창 35:1)

신앙은 방향성입니다. 사람은 자기가 살아가는 쪽을 바라보게 되어 있습니다. 야곱은 하나님이 말씀하시기 전에 벧엘을 바라봐야 했습니

다. 영적 가장으로서 마땅히 이끌어가야 할 야곱이 머물러서 영적 무지에 빠지고 세속적이 되니까 자녀들이 그렇게 타락해 간 것입니다.

이런 절망적인 상황에서 놀랍게도 하나님이 먼저 말을 걸어오셨습니다. 이것이 은혜입니다. 당신이 지금까지 자라고 있는 것은 하나님의 은혜입니다. 무조건 주님이 전제가 되어야 합니다. 주님의 은혜가 없으면 말씀 앞에 올 생각도 안 하고 올 수도 없고 기도할 마음도 안 생깁니다. 성령님이 붙잡고 은혜를 주셔야 믿음의 길을 계속 갈 수 있습니다. 하나님의 허락 없이는 불가능한 것입니다.

하나님이 야곱에게 명령하셨습니다.

"일어나, 올라가서, 거주하며, 제단을 쌓으라."

약속의 상속자들마다 하나님의 약속을 확인하는 장소가 각기 다릅니다. 아브라함에게 중요한 장소와 이삭에게 중요한 장소와 야곱에게 중요한 장소가 다 다르다는 뜻입니다. 아브라함의 신앙의 정점은 모리아 산입니다. 이삭을 드린 곳이죠. 그리고 헤브론입니다. 헤브론에서 막벨라 굴을 사서 그곳에 사라를 장례하고 자기도 들어갔습니다. 약속의 땅의 근거를 한 점으로 표시한 것이 아브라함입니다. 이삭에게 가장 중요한 곳은 브엘세바입니다. 그는 그곳에서 영생하시는 하나님을 만났습니다.

야곱에게 중요한 곳은 벧엘입니다. 벧엘에서 하나님을 만났고 처음으로 깊게 체험했습니다. 돌베개를 베고 누웠는데 꿈에 하나님의 천사가 나타났지요. 하나님이 지역에 제한 없이 벧엘에도 계심을 알고 하나님의 광대하심을 체험했습니다. 그 만남의 장소, 벧엘로 다시 돌아온다면 거기서 십일조를 드리고 거기가 하나님의 집이 될 것이라고 약속했습니다.

우리도 마찬가지입니다. 각자 믿음의 길을 걷지만 저마다 하나님을 만나고 고백하는 지점은 다릅니다. 중요한 것은 하나님을 만난 그곳에서 하나님께 온전히 반응하는 것입니다. 아브라함이 이삭을 바칠 때 하나님이 양을 준비하신 것을 미리 알고 간 것이 아닙니다. 인생길에서 만난 하나님을 따라가다가 믿음을 고백하며 충실히 말씀을 따랐을 뿐입니다. 이것이 신앙입니다.

야곱은 벧엘에서의 서원을 잊어버렸습니다. 여기서부터 야곱이 타락하기 시작했습니다. 약속의 땅 안으로 돌아오긴 했지만 벧엘에 이르지는 못했습니다. 벧엘까지 가야 그가 한 고백이 완성되는 것입니다. 하나님을 만난 곳, 하나님을 부른 곳으로 나아가기까지가 신앙의 싸움입니다.

각자의 벧엘이 있습니다. 나의 벧엘은 어딘가 생각해 보시기 바랍니다. 혹시 벧엘을 잊고 살지는 않는지 점검해 보시기 바랍니다.

우리의 첫 번째 사역의 장은 가정이고 직장입니다. 거기부터 세워야 합니다. 한 사람이 땀과 눈물로 뛴다고 해서 세워지는 것이 아닙니다. 여럿이 같이 뛰어야 합니다. 저는 교회로 부름을 받은 자입니다. 교회를 세우고 교회 안에서 싸웁니다. 여기가 저의 벧엘입니다. 벧엘은 돈 버는 장소가 아니라 하나님 앞에서 삶을 사는 흔적을 보이는 곳입니다.

아브라함과 이삭과 야곱의 장소가 각기 다르지만 부름 받은 곳에서 하나님을 붙잡는 삶을 보였다는 것이 중요합니다. 야곱은 자기가 만난 장소를 놓쳤기 때문에 타락하기 시작했습니다. 그러나 하나님은 그를 놓지 않으셨습니다.

하나님이 반응하시는 것을 보십시오. 야곱에게 "일어나라"고 하셨습니다. 세겜에 거주하지 말고 올라가서 하나님을 만난 그곳에서 거주하라 하십니다. 그곳에서 하나님께 제단을 쌓으라 하십니다.

야곱은 세겜에 머물며 평안하게 살기를 바랐을 것입니다. 세겜에 있는 것들을 누리며 살고 싶었을 것입니다. 세겜 땅에는 하나님이 안 계셔서 벧엘로 가라고 하신 겁니까? 아닙니다. 하나님은 세겜에도 계시고 세겜에서도 예배를 받으십니다.

문제는 하나님이 당신을 통해 찬송받고 싶어 하시는 곳이 있다는 사실입니다. 그곳이 사명지입니다. 거기가 어딘지 각자 알아야 합니다. 하나님이 거기로 올라가라고 명령하십니다.

> **야곱이 이에 자기 집안사람과 자기와 함께한 모든 자에게 이르되 너희 중에 있는 이방 신상들을 버리고 자신을 정결하게 하고 너희 들의 의복을 바꾸어 입으라**(창 35:2)

야곱은 이해했습니다. 하나님을 만났던 은혜의 장소로 가서 그곳에서 하나님께 약속한 서원을 지켜야 한다는 것을 기억하고 갔습니다. 하나님이 말씀하셨고 그 말씀을 알아차렸다면 즉시 일어나 가야 할 텐데 야곱의 반응을 보면 놀랍습니다.

그는 먼저 자기 집안사람들과 자기와 함께한 모든 자들에게 그들 중에 있는 이방 신상들을 버리고 스스로 정결하게 하여 의복을 바꾸어 입으라고 명령합니다. 하나님이 이런 명령을 한 것은 아닙니다. 야곱이 스스로 이렇게 반응한 것입니다. 디나의 사건을 통해 야곱이 깨달은 바가 있음을 알 수 있습니다. 그 깨달은 바를 처음으로 실천한 것이 바로 이방 신상을 버리고 자신을 정결하게 하는 것이었습니다. 의복을 바꿔 입는 것은 신체적으로 도덕적으로 순결을 의미하지만 더 나아가 종교적 순결을 의미합니다.

디나의 사건을 통해서 야곱이 깨달은 것은 야곱 자신이 먼저 하나님 앞에서 정결해야 한다는 것이었습니다.

'내가 온전치 못했구나. 내가 거룩하지 못했구나. 내가 정결하지 못했구나.'

거룩하려면 어떻게 해야 할까요? 야곱은 거룩하고 정결하려면 이방 신상을 버려야 함을 깨달았습니다. 이것은 다시 말하면 야곱의 가문 속에, 그들 삶 곳곳에 이방 신상이 있었다는 뜻입니다. 예수님을 믿는 집에 갔더니 옷장 속에 부적이 있는 것과 같습니다. 심방을 갔더니 십자가 앞에 돈주머니가 있는 것과 같습니다. 이방 신상을 가지고 있다는 것은 하나님께 올인하지 않는다는 뜻입니다. 양다리를 걸치겠다는 것이지요.

야곱이 하나님께 나아갈 때 첫 번째로 한 일은 우상 제거였습니다. 하나님 앞에 정결하고 싶으면 자기의 삶 속에 있는 우상부터 먼저 제거하십시오. 쉽지 않지만 반드시 해야 합니다. 우상이 뭡니까? 우상은 하나님의 자리에 대신 들어간 무엇입니다. 우상이 만들어진 이유가 있습니다.

> 나 외에는 다른 신들을 네게 두지 말지니라 너는 자기를 위하여 새
> 긴 우상을 만들지 말고 위로 하늘에 있는 것이나 아래로 땅에 있는
> 것이나 땅밑 물 속에 있는 것의 어떤 형상도 만들지 말며(신 5:7-8)

"나 외에는 다른 신들을 네게 두지 말라"는 것이 1계명입니다. 누구를 위하여입니까? 자기를 위하여입니다. 우상은 자기 욕심이 형상화된 것입니다. 우리 안에 욕심이 드러날 때 우상화가 됩니다. 누구에게나 일어날 수 있는 일입니다.

야곱이 정결해야 함을 깨닫는 순간 우상을 버렸습니다. 하나님의 그릇이 되고 싶다면 가장 먼저 해야 할 일이 스스로를 정결케 하는 것입니다. 주권자의 뜻으로 금그릇과 은그릇과 질그릇이 정해졌지 않습니까? 그릇은 하나님이 정하신 것입니다.

아무리 금그릇일지라도 더러우면 안 먹습니다. 질그릇일지라도 깨끗하면 귀한 것을 담습니다. 그릇은 하나님의 뜻이고, 달란트도 하나님의 뜻이지만 정결은 내 몫입니다. 하나님은 깨끗한 그릇을 쓰십니다. 버려야 합니다. 닦아야 합니다. 영혼에 밥풀이 묻었는데 깨끗이 닦지 않으면 곰팡이가 슬게 마련입니다. 자기 그릇의 상태를 알기 위해서는 자신을 봐도 안 되고 옆 사람을 봐도 안 됩니다. 사람을 보면 답이 안 나옵니다. 기준은 하나님이십니다. 하나님을 봐야 자기 수준을 알 수 있습니다.

야곱은 이방 신상을 묻기 시작했습니다. 정결하기 시작했습니다. 자기가 얼마나 부정한지를 깨달으니 정결하고자 노력하는 것입니다. 자기 옷이 얼마나 더러운지를 알게 되니 의복을 갈아입어야 한다는 생각을 합니다.

> 우리가 일어나 벧엘로 올라가자 내 환난 날에 내게 응답하시며 내가 가는 길에서 나와 함께하신 하나님께 내가 거기서 제단을 쌓으려 하노라 하매(창 35:3)

야곱은 위기 속에서 하나님의 간섭하심을 알았습니다.
창세기 28장을 보십시오.

> 내가 너와 함께 있어 네가 어디로 가든지 너를 지키며 너를 이끌어 이 땅으로 돌아오게 할지라 내가 네게 허락한 것을 다 이루기까지 너를 떠나지 아니하리라 하신지라(창 28:15)

야곱은 드디어 에서의 낯을 피해 도망가던, 소망이 없던 자기를 만나신 하나님을 기억했습니다. 지금 또다시 소망이 없는 상태가 되자, 함께하시는 하나님임을 깨닫게 되었습니다. 하나님이 찾아오셔서 올라가라 하시니 이제라도 벧엘로 올라갈 힘을 얻습니다.

혹시 환난 중에 있거나 어려운 중에 있다면 피하지 마십시오. 그 환난에서 하나님을 만나고 체험하면 다음에 다른 환난을 만났을 때 이길 힘이 생깁니다. 여기서 피하면 피해 가는 것을 배우고 더 큰 환난을 만나도 피할 생각만 하게 됩니다.

그러므로 인생에서 거저 이루어지는 것은 없습니다. 환난이 오면 환난을 통과해야 힘이 생깁니다. 어려움이 왔다면 왜 나는 안 될까 하지 말고 이 어려움을 통해 하나님을 만날 기회를 주신 거라고 믿음의 고백을 하십시오. 하나님이 환난을 통해 하나님을 만나게 하시고, 하나님을 붙잡게 하시고, 하나님의 살아 계심을 각인시키심으로 당신을 만들어 가신다고 고백하십시오. 내 삶에서 하나님이 일하시는 증거라고 고백하십시오. 오늘 만난 환난을 이기면 앞으로 만나게 될 수많은 사건 속에서, 이기는 자에게 주시는 하나님의 축복을 계속해서 흘려 받게 될 것입니다.

만남의 경험이 있다면 어려움이 있을 때마다 견딜 수 있습니다. 설사 한동안 잊고 지내더라도 만난 적이 있으니까 하나님께서 말씀하시는 것을 알아듣습니다. 고단함을 통해서 하나님을 어떻게 만날 것인가, 곤란을 통해서 하나님이 나를 어떻게 인도하실 것인가를 기도하면서 좇아가십시오. 그래야 은혜가 있습니다.

> 그들이 자기 손에 있는 모든 이방 신상들과 자기 귀에 있는 귀고리
> 들을 야곱에게 주는지라 야곱이 그것들을 세겜 근처 상수리나무
> 아래에 묻고 (창 35:4)

이방 신상이 복수로 표현되어 있습니다. 한 개가 아닌 여러 개, 많이

가지고 있었다는 뜻입니다. 이방 신상이 하나 들어오면 하나로 끝나는 법이 없습니다. 이방신이 하나 들어오면 두 개, 세 개가 그 문으로 계속 들어오는 것입니다.

> 그들이 떠났으나 하나님이 그 사면 고을들로 크게 두려워하게 하
> 셨으므로 야곱의 아들들을 추격하는 자가 없었더라(창 35:5)

야곱의 가족이 우상을 제거하고 하나님께 나아갔더니 세상이 감당하지 못합니다. 세상이 강하게 보일지 모르지만 하나님이 허락하시는 한계 안에서만 강할 수 있습니다. 허락하지 않은 곳에서는 아무리 강해 보이는 세상이라도 역사하지 못합니다. 이스라엘의 힘은 하나님으로부터 비롯되는 것입니다.

> 야곱과 그와 함께한 모든 사람이 가나안 땅 루스 곧 벧엘에 이르고
> 그가 거기서 제단을 쌓고 그곳을 엘벧엘이라 불렀으니 이는 그의
> 형의 낯을 피할 때에 하나님이 거기서 그에게 나타나셨음이더라
> 리브가의 유모 드보라가 죽으매 그를 벧엘 아래에 있는 상수리나
> 무 밑에 장사하고 그 나무 이름을 알론바굿이라 불렀더라(창 35:6-8)

루스는 벧엘의 옛 이름입니다. 엘은 하나님입니다. '엘벧엘'은 곧 '벧엘의 하나님'이란 뜻입니다. 야곱이 드디어 벧엘의 하나님을 부른 것입니다.

여기서 야곱이 펑펑 울었습니다. 리브가의 유모 드보라가 죽었기 때문입니다. 야곱은 리브가의 사랑을 받고 자란 아들입니다. 자기를 사랑하던 리브가가 죽고 드보라마저 죽으니 야곱이 펑펑 운 것입니다.

지금까지 우리는 리브가의 유모 드보라의 존재를 알지도 못했습니다. 그런데 별안간 여기서 죽음으로 등장합니다. 성경이 왜 생뚱맞게 이것을 증거했을까요? 이것은 야곱이 그냥 슬픈 게 아니라 이 죽음을 통해, 슬픔을 통해 드러내고 싶은 내용이 있기 때문입니다.

야곱은 세겜 근처 상수리나무 아래에 이방 신상들을 다 묻어 버렸습니다. 그리고 벧엘 아래에 있는 상수리나무 밑에 드보라를 묻었습니다. 하나님을 만나러 가기 위해서 이방 신상들을 묻었고, 하나님을 만난 이후에는 유모 드보라를 묻었습니다. 세겜과 엘벧엘이 샌드위치처럼 마주 보고 있는 것입니다.

하나님이 야곱을 선택하셨고 함께하신다는 것을 야곱에게 알려 준 이가 바로 리브가입니다. 리브가는 저주는 자기가 받겠노라고 하면서 야곱이 축복을 받도록 일을 꾸몄습니다. 비록 리브가가 하나님의 축복을 인간적인 방법으로 받으려고 애쓸 만큼 어리석은 사람이긴 하지만, 야곱에게는 하나님을 아는 통로가 되어 준 사람입니다.

드보라의 죽음은 거룩한 여인의 죽음을 의미합니다. 세겜에서 더러운 이방 신상들을 묻었다면, 야곱이 하나님을 만나고 난 후에는 거룩한 여인 드보라를 묻었습니다. 야곱의 더러움이 씻기고 거룩하게 바뀌었음을 문학적인 구조로 설명하고 있습니다.

사람은 감정이 격해졌을 때 펑펑 웁니다. 슬플 때든 기쁠 때든 마음에 있는 묵직한 것이 있을 때 웁니다. 아무 감동도 없는데 우는 일은 없습니다. 믿음의 여인의 죽음을 보고 펑펑 울었다는 것은 야곱 안에 안타까움이 있었기 때문입니다. 이것은 거룩한 울음입니다. 벧엘을 기준으로 야곱의 삶이 바뀌었음을 알려 줍니다.

하나님을 만나고, 하나님과 약속했던 장소를 믿음으로 통과하는 것이 얼마나 중요한지 모릅니다. 야곱이 이 길을 통과하자 결론이 이렇습니다.

> 야곱이 밧단아람에서 돌아오매 하나님이 다시 야곱에게 나타나사 그에게 복을 주시고(창 35:9)

> 야곱은 숙곳에 이르러 자기를 위하여 집을 짓고 그의 가축을 위하여 우릿간을 지었으므로 그 땅 이름을 숙곳이라 부르더라 야곱이 밧단아람에서부터 평안히 가나안 땅 세겜 성읍에 이르러 그 성읍 앞에 장막을 치고(창 33:17-18)

야곱은 하나님의 약속대로 밧단아람에서부터 평안히 가나안 땅 세겜 성읍에 이르렀습니다. 가나안 땅에 들어왔지만 돌아왔다는 표현을 쓰지는 않습니다. 벧엘에 왔을 때에야 야곱이 돌아왔다는 표현을 씁니다. 집 앞에 온 것과 집 안으로 들어가는 것은 다릅니다. 집 안으로 들어가야 집에 돌아온 것이지요. 교회에 왔다고 해서 모두 예배를 드리는 것은 아닌 것과 마찬가지 이치입니다. 중간에 머물지 마십시오. 약속한

데까지 이르도록 나아가십시오. 드디어 야곱이 밧단아람 20년을 지나서 하나님 앞으로 돌아왔습니다.

하나님의 마침표는 언제나 선하다

야곱이 밧단아람에서 벧엘로 돌아오자 하나님이 인정해 주십니다. 그리고 야곱이 아니라 이스라엘로 살아야 됨을 다시 말씀해 주십니다.

> 하나님이 그에게 이르시되 네 이름이 야곱이지마는 네 이름을 다시는 야곱이라 부르지 않겠고 이스라엘이 네 이름이 되리라 하시고 그가 그의 이름을 이스라엘이라 부르시고(창 35:10)

하나님이 야곱의 이름을 이스라엘로 바꿔 주셨는데, 그동안 야곱은 이스라엘로서 살지 않았습니다. 성도로 부르심을 받았는데 성도로 살지 않은 것과 같습니다. 벧엘의 언약을 잊고 세겜에 머물러 살았던 겁니다. 벧엘에 이르자 하나님이 그의 이름을 다시 확인시켜 주십니다.

하나님이 이곳에서 네 가지 복을 주셨습니다. 첫째, 야곱이 곧 이스라엘임을 다시 확인해 주셨습니다.

> 하나님이 그에게 이르시되 나는 전능한 하나님이라 생육하며 번성하라 한 백성과 백성들의 총회가 네게서 나오고 왕들이 네 허리에서 나오리라(창 35:11)

둘째, "생육하며 번성하라"는 복을 주셨습니다. 생육하고 번성하는 것은 무작정 자녀를 많이 낳는 것이 아닙니다. 후손들 하나하나가 질적으로도 훌륭한 자손으로 충만하라는 겁니다.

셋째, "한 백성과 백성들의 총회가 네게서 나오고 왕들이 네 허리에서 나오리라"는 복을 주셨습니다.

> 내가 아브라함과 이삭에게 준 땅을 네게 주고 내가 네 후손에게도
> 그 땅을 주리라(창 35:12)

넷째는 땅의 축복입니다.

이로써 아브라함과 이삭의 축복을 야곱이 완전히 계승하게 되었습니다. 아브라함에게 복을 주실 때와 똑같은 방식으로 축복의 말씀을 하시고 올라가셨습니다.

> 내 언약은 내가 내년 이 시기에 사라가 네게 낳을 이삭과 세우리라
> 하나님이 아브라함과 말씀을 마치시고 그를 떠나 올라가셨더라(창
> 17:21-22)

> 하나님이 그와 말씀하시던 곳에서 그를 떠나 올라가시는지라(창
> 35:13)

드디어 야곱이 돌아왔습니다. 밧단아람에서 돌아온 것이 아니라 하

나님 앞으로 돌아왔습니다. "하나님이 나와 함께 계셔서 내가 가는 이 길에서 나를 지키시고 먹을 떡과 입을 옷을 주시어 내가 평안히 아버지 집으로 돌아가게 하시오면 여호와께서 나의 하나님이 되실 것이요 내가 기둥으로 세운 이 돌이 하나님의 집이 될 것이요"라고 고백한 것이 이루어졌습니다.

> 야곱이 하나님이 자기와 말씀하시던 곳에 기둥 곧 돌기둥을 세우고 그 위에 전제물을 붓고 또 그 위에 기름을 붓고 하나님이 자기와 말씀하시던 곳의 이름을 벧엘이라 불렀더라(창 35:14-15)

10년 전에 세웠어야 하는 기둥입니다. 이것을 안 세워서 파란을 겪은 것이 아닙니까. '하나님의 집'이란 뜻의 '벧엘'은 단순한 영적 임재를 넘어서 하나님과 그의 백성이 교제하고 만나는 집을 가리킵니다. 이 하나님의 집에서 하나님과 내가 교제하고 만나고 친밀해집니다.

우리는 하나님의 주권에 의해 예수 그리스도를 믿지만 하나님의 사람이 되어 가는 과정은 하나님뿐 아니라 우리 자신도 치러야 하는 대가와 결과가 있습니다.

예수님은 십자가를 지기 전에 먼저 성전을 정결케 하셨습니다. 왜냐면 성전은 단순히 예배하고 거룩해야 하는 것 이상의 의미가 있기 때문입니다. 성전은 하나님의 이름 앞에서 하나님과 하나님의 백성이 만나는 곳입니다. 하나님을 만남으로 회복되고 하나님 나라가 이루어지는 곳입니다.

교회는 하나님의 집입니다. 하나님을 만나는 곳이고, 하나님이 임재하시는 곳입니다. 하나님이 임재하시기에 거룩한 곳입니다. 여기서 하나님의 백성이 하나님께 기도합니다. 여기서 회복이 일어납니다. 교회는 그 규모가 크고 작고를 떠나서 하나님을 만나는 곳이기에 존귀하고 아름다운 것입니다. 성도가 10명뿐일지라도 그 10명 안에 하나님이 임재하시고 교제를 통해 회복을 일으키십니다.

야곱이 드디어 기둥을 세우고 고백을 했습니다. 이 기둥을 세울 때 야곱이 전제물, 즉 포도주를 부었습니다. 전제는 제물 위에 포도주를 붓는 제사입니다.

야곱이 하나님이 자기와 말씀하시던 곳에 기둥 곧 돌기둥을 세우고 그 위에 전제물을 붓고 또 그 위에 기름을 붓고(창 35:14)

전제가 성경에 처음 등장하는 구절입니다. 뒤에 레위기에도 등장하지만 순서상 처음 등장합니다. 야곱이 처음 사용했다는 것을 알 수 있습니다. 전제란 액체를 다른 제물에 부어서 드리는 제사입니다. 붓는 이유는 제물을 지극히 거룩하게 하기 위함인데 혹시 제사를 드리는 중에 사심이 들어간 것을 제하기 위해 붓습니다. 즉, 씻어 내는 것으로서 신약에서는 같은 의미를 관제로 번역했습니다(딤후 4:6, 빌 2:17). 기둥에 부은 기름은 거룩의 상징입니다.

사도 바울이 제물 위에 자기가 부어졌다고 했는데, 헌신과 순결을 각오하고 하나님께 자신을 드렸다는 뜻입니다.

그들이 벧엘에서 길을 떠나 에브랏에 이르기까지 얼마간 거리를
둔 곳에서 라헬이 해산하게 되어 심히 고생하여 그가 난산할 즈음
에 산파가 그에게 이르되 두려워하지 말라 지금 네가 또 득남하느
니라 하매 그가 죽게 되어 그의 혼이 떠나려 할 때에 아들의 이름
을 베노니라 불렀으나 그의 아버지는 그를 베냐민이라 불렀더라

(창 35:16-18)

에브랏은 베들레헴의 옛 이름입니다. 라헬이 요셉을 낳을 때 "다른
아들을 내게 더하시기를 원하노라"고 소망했는데 그것이 자신의 생명
과 맞바꿀 일인 줄은 미처 몰랐습니다. 안타까운 마음에 라헬은 '슬픔
의 아들'이란 뜻의 베노니라 했지만 야곱은 '오른손의 아들'이란 뜻의
베냐민으로 이름을 지어 주었습니다.

요셉도 이름이 둘인 셈입니다. "그가 임신하여 아들을 낳고 이르되
하나님이 내 부끄러움을 씻으셨다"(창 30:23)에서 수치를 씻었다는 뜻과
"그 이름을 요셉이라 하니 여호와는 다시 다른 아들을 내게 더하시기
를 원하노라"(창 30:24)에 '더하기를 원한다'는 뜻의 두 가지가 있는 것
입니다.

라헬이 죽으매 에브랏 곧 베들레헴 길에 장사되었고 야곱이 라헬
의 묘에 비를 세웠더니 지금까지 라헬의 묘비라 일컫더라 이스라
엘이 다시 길을 떠나 에델 망대를 지나 장막을 쳤더라 이스라엘이
그 땅에 거주할 때에 르우벤이 가서 그 아버지의 첩 빌하와 동침하

매 이스라엘이 이를 들었더라 야곱의 아들은 열둘이라 (창 35:19-22)

벧엘에 온 이후에 열두 지파가 완성되었습니다. 이스라엘은 하나님의 선택을 받은 하나님의 백성을 뜻합니다. 선택을 완성하면서 3세대 야곱이 정리됩니다.

야곱의 아들들은 모두 선택되었지만 누가 우월한 위치를 갖는가는 다른 차원입니다. 똑같이 선택을 받았어도 누가 더 좋은 것을 갖느냐 하는 싸움이 남았습니다. 이들은 장자권과 치리권을 두고 다투게 되었습니다. 우월한 위치가 두 지파에게 흘러갑니다. 장자권은 요셉에게, 치리권은 유다에게 주어집니다.

장자 르우벤이 아버지 야곱의 첩 빌하와 동침함으로써 장자권을 잃습니다. 하나님의 백성이 패륜을 저질렀음에도 선택권은 그대로 유지됩니다. 이 사건과 함께 마지막 열두 번째 아들, 베냐민이 태어납니다. 이로써 열두 지파의 기초가 완성된 것입니다.

이제 창세기 37장부터는 이스라엘의 자식들 간에 우월한 위치를 가지려고 다투는 문제가 다뤄집니다. 베냐민의 탄생과 함께 이제 시작될 우월한 위치를 가지려는 다툼이 본격화될 것입니다.

하나님께 쓰임 받으려면 거룩해야 합니다. 마음 밭까지 거룩하기는 힘듭니다. 마음을 지켜도 사탄이 자꾸 유혹합니다. 유혹은 죄가 아니지만 유혹을 거절하는 것이 거룩이며 승리입니다.

욥기에서 욥은 자신의 무죄를 변호하면서 "내가 처녀를 주목하지 않았다"고 말합니다.

내가 내 눈과 약속하였나니 어찌 처녀에게 주목하랴(욥 31:1)

주목한다는 것은 관심을 가지고 본다는 뜻인데, 이 말은 다시 말해 욥이 하나님만 바라봤다는 뜻입니다. 그러니 내가 왜 당해야 하느냐고 항변하는 것입니다. 살다 보면 여러 가지 유혹을 받고 또 때로는 유혹에 넘어가기도 합니다. 그렇다고 해서 구원이 취소되는 것은 아닙니다. 자녀는 낳으면 부모와의 관계가 확정되는 것입니다. 관계는 취소되지 않지만 쓰임 받는 것은 다를 수 있습니다.

패륜을 저지른 장자 르우벤이 지파에서 제외되지는 않았습니다. 살아남았지만 장자권은 잃었습니다. 매우 중요한 지점입니다. 오늘날 한국 교회의 거룩한 주의 종들이 그렇게 많이 넘어진 이유가 여기에 있습니다. 그가 지옥에 간다는 말이 아닙니다. 사역을 계속할 수도 있습니다. 그러나 그를 통한 영향력은 잃을 수 있습니다. 장자권을 잃는 것입니다. 따라서 계속해서 쓰임 받고 싶다면 거룩해야 됩니다.

> 야곱의 아들은 열둘이라 레아의 아들들은 야곱의 장자 르우벤과 그 다음 시므온과 레위와 유다와 잇사갈과 스불론이요 라헬의 아들들은 요셉과 베냐민이며 라헬의 여종 빌하의 아들들은 단과 납달리요 레아의 여종 실바의 아들들은 갓과 아셀이니 이들은 야곱의 아들들이요 밧단아람에서 그에게 낳은 자더라(창 35:22-26)

야곱은 2세대 이삭이 죽기 전에 열두 명의 아들을 낳아 열두 지파를 마무리지었습니다. 베냐민은 베들레헴, 즉 가나안 땅에서 태어났습니다. 그런데 성경은 밧단아람에서 태어난 것으로 기록합니다. 실제로 어디서 태어났느냐보다 하나님이 야곱을 밧단아람에 보낸 목적을 이뤘다는 게 더 중요하다는 뜻입니다.

하나님이 밧단아람에서 야곱의 기업을 세워 주신 것입니다. 기업의 첫 번째가 자녀를 주는 것이고, 두 번째가 재물을 주는 것입니다. 이 기업은 세상의 기업이 아니라 하나님의 기업입니다.

> 야곱이 기럇아르바의 마므레로 가서 그의 아버지 이삭에게 이르렀으니 기럇아르바는 곧 아브라함과 이삭이 거류하던 헤브론이더라 이삭의 나이가 백팔십 세라 이삭이 나이가 많고 늙어 기운이 다하매 죽어 자기 열조에게로 돌아가니 그의 아들 에서와 야곱이 그를 장사하였더라(창 35:27-29)

야곱과 그 아들들의 이야기로 넘어가기 전에 2세대 이삭의 삶이 마무리됩니다. 에서와 야곱이 헤브론에서 이삭을 장사지냅니다. 이후에는 에서와 야곱이 함께했다는 이야기가 없습니다.

헤브론은 장차 출애굽기에서 이스라엘이 다시 돌아가야 할 땅이 됩니다. 아브라함의 신앙의 정점인 헤브론은 이스라엘 민족의 신앙의 중심지가 됩니다.

창세기 25장부터 35장까지의 야곱의 역사 1막을 보았습니다. 이제 2막에서는 야곱의 아들들 간에 벌어지는 우월한 위치를 가지려는 싸움으로 나타나는 야곱의 인생을 주목할 것입니다. 그런데 히브리인들은 창세기 25장부터 35장을 야곱의 역사가 아니라 이삭의 역사로 봅니다. 아버지가 살아 있을 때 아들의 역사는 아버지의 역사에 포함되기 때문입니다. 그렇다면 창세기 25장부터 35장은 이삭의 역사입니다. 이삭의 역사인데 이삭은 별로 나오지 않고 야곱이 주로 나옵니다. 그것은 이삭의 특징과 위치 때문에 그렇습니다.

이삭은 첫 번째 믿음의 후손입니다. 첫 번째 믿음의 후손이라는 것은 이삭의 뒤를 이어서 세 번째, 네 번째 후손들이 나온다는 뜻입니다. 따라서 첫 번째 믿음의 후손인 이삭은 그 믿음을 다음 후손에게 넘겨야 할 위치와 책임이 있습니다. 그래서 성경은 이삭의 족보를 창세기 25장의 3세대 믿음의 후손을 잉태하는 데서 시작해 창세기 35장의 3세대 믿음의 후손인 야곱이 이삭을 장사하는 것으로 끝내고 있습니다. 즉 이삭은 3세대 후손과 같이 시작해서 그를 세움으로 사명을 다하고 열조에게로 돌아간 것입니다.

헤브론에서 이삭이 죽자 야곱이 이삭을 장사지냄으로써 3세대 야곱의 삶도 하나님의 선택의 완성이란 측면에서 정리됩니다. 37장부터는 요셉과 유다가 어떻게 해서 우월한 위치를 갖게 되었는지가 펼쳐질 것입니다.

야곱을 보면 인생이 보인다

아침에 눈뜨는 것이 두려운 적이 있었습니다. 또 하루를 견디고 살아야 하는 것이 두려웠습니다. 눈을 떴으니 어쨌든 일어나서 오늘 하루 주어진 삶을 살아야 합니다. 아무런 변화가 없는 소망 없는 삶을 또 살아야 합니다. 무엇 때문에 겪어야 하는지, 무슨 이유로 이런 삶을 살아야 하는지는 중요하지 않습니다. 내가 현재 이곳에 숨 쉬고 있고 살고 있기에 살아야 합니다. 원하든 원치 않든 이곳에 내 삶이 묶여 있기에 살아야 합니다. 자살할 용기도 없으니 오늘 잠이 들면 내일 깨어나지 않기를 바랄 때도 있습니다. 하지만 다음 날이면 어김없이 눈이 떠지고 또 살아갑니다. 하루를 견디기가 만만치 않습니다.

그래서 나는 야곱이 좋습니다. 가슴이 아리도록 좋습니다. 특출하지도 않고 화려하지도 않고 오히려 머리 쓰다가 바보같이 당하기만 하는 야곱이지만 야곱을 보면 인생이 보입니다. 그런 야곱이지만 창세기는 야곱의 축복을 멋들어지게 드러내고 있습니다. 아브라함이나 요셉이 아니라 야곱의 축복입니다. 야곱이 아름다운 것은 자신에게 주어진 삶을 포기하지 않고 끝까지 살아서 인생의 진면목을 보여 주기 때문입니다. 그래서 야곱을 생각하면 살아갈 마음이 생깁니다.

야곱의 삶을 성화의 상징이라고 합니다. 그만큼 우리 삶과 비슷한 점이 많습니다. 야곱은 형에게 눌리고 치이며 자랐습니다. 지독한 장인을 만나서 열심히 일해도 빈손뿐인 신세로 서럽게 살았습니다. 뭘 해도 자기 뜻대로 되는 게 없었습니다. 야곱의 실력은 이렇게 형편없었지만 하나님이 그를 하나님의 사람으로 만들어 가셨습니다.

결국 하나님은 야곱을 이스라엘로 바꾸셨습니다. 약탈자의 인생을 하나님의 기업으로 만드신 것입니다. 야곱이 자기 힘으로 모두 이루어 냈다면 자기 기업이라고 했을 것입니다. 하지만 야곱은 그 모든 것을 하나님이 이루셨다고 고백할 수밖에 없는 인생이었습니다. 그 덕분에 야곱의 기업은 하나님의 기업이 되었습니다. 그의 영광은 하나님의 영광이 되었습니다. 믿는 사람은 이런 아이러니를 경험하면서 하나님의 사람으로 변화됩니다.

인생에서 겪을 수 있는 모든 풍파를 겪은 야곱은 그래서 모든 자를 축복할 수 있습니다. 그는 모든 것을 당해 보고 겪어 봤습니다. 야곱의 장자 르우벤이 자기의 처 빌하를 범했다는 말을 들었을 때 그의 마음은 무너졌을 겁니다. 그러나 야곱은 르우벤을 죽이지 않았습니다. 그만큼 야곱은 인격적으로 성숙해졌습니다. 아무리 아버지라도 르우벤을 축복하기는 힘들었을 텐데, 나중에 야곱은 르우벤을 축복해 주었습니다. 그도 르우벤처럼 물이 끓음같이 끓어 본 적이 있기 때문입니다. 그런 인생을 살아 봤기 때문에 아는 것입니다.

> 야곱이 바로에게 아뢰되 내 나그네 길의 세월이 백삼십 년이니이다 내 나이가 얼마 못 되니 우리 조상의 나그네 길의 연조에 미치지 못하나 험악한 세월을 보내었나이다 하고(창 47:9)

조상들보다는 나이가 많지 않지만 험악한 인생을 살아 봤기에 인생에 대해 감히 말할 수 있다는 것입니다. 모든 걸 겪어 본 자에게 축복의 자격이 있는 것입니다. 사람들은 고난을 겪으면 인생이 무너졌다고 생각하는데 하나님은 그 순간에도 그 고난을 통해 야곱을 만들고 계셨습니다.

야곱의 인생을 보면 고난이 고난으로만 끝나지 않았음을 알 수 있습니다.

> 이스라엘이 죽을 날이 가까우매 그의 아들 요셉을 불러 그에게 이르되 이제 내가 네게 은혜를 입었거든 청하노니 네 손을 내 허벅지

아래에 넣고 인애와 성실함으로 내게 행하여 애굽에 나를 장사하
지 아니하도록 하라 내가 조상들과 함께 눕거든 너는 나를 애굽에
서 메어다가 조상의 묘지에 장사하라 요셉이 이르되 내가 아버지
의 말씀대로 행하리이다(창 47:29-30)

죽을 때까지 긴장된 삶을 살아간 야곱입니다. 야곱은 말년에 가나안
땅이 아니라 애굽에서 눈을 감을지 상상도 못했을 겁니다. 야곱은 축복
의 땅에서 살다가 그 땅에서 눈을 감는 것이 소원이었을 것입니다. 그
러나 이것마저도 야곱에게는 허락되지 않았습니다. 죽는 순간까지 자
기 뜻대로 살 수 없었지만 야곱은 그것이 인생이라고 말하고 있습니다.
자기 뜻대로 되는 것이 하나도 없을지라도 야곱은 그럼에도 살아야 한
다고 말하고 있습니다. 왜냐하면 하나님 안에서 의미 없는 인생은 없기
때문입니다. 야곱이 산 인생을 이제 우리가 살아야 할 것입니다. 그리
고 야곱을 만드신 하나님이 우리도 만들어 가실 것입니다.

야곱처럼 험악한 인생을 살지라도 성화되는 삶이 되기를 바랍니다.
뒤따라오는 후배들이 우리 삶을 보면서 그럼에도 불구하고 살아서 하
나님이 만들어 가시는 인생을 살아야 한다는 것을 배우기를 바랍니다.

야곱 이후에는 야곱의 열두 아들 사이에 누가 우월한 위치를 차지할
것인가를 두고 경쟁하는 이야기가 전개됩니다. 아브라함과 이삭과 야

곱 때까지는 누가 선택받을 것인가가 화두였다면, 야곱의 열두 아들 때부터는 누가 더 우월한 위치를 차지할 것인가가 이슈가 됩니다. 하나님의 선택은 영원히 지속되지만 그 선택받은 사람들 중에 누가 더 우월한 위치를 차지할 것인가는 또 다른 문제인 것입니다.

다음 편에서 우리는 야곱의 열두 아들 간의 알력과 경쟁 가운데서도 일하시는 하나님을 만나게 될 것입니다. 그분이 일하시는 방법을 배우게 될 것입니다.